COLLECTION
FOLIO/ESSAIS

Georges Rouault

Sur l'art
et sur la vie

Préface
de Bernard Dorival

Gallimard

Georges Rouault. Peintre, dessinateur et graveur français (Paris, 1871-1958). Fils d'un ébéniste, il fut initié à la peinture par son grand-père Champdavoine, qui était amateur de Courbet, Manet et Daumier. Entré en 1885 comme apprenti chez un maître verrier, il entra aux Beaux-Arts dans l'atelier d'Elie Delaunay, puis de Gustave Moreau de 1892 à 1895, après avoir suivi des cours du soir des Arts décoratifs. Puis il subit l'ascendant de Daumier et de Toulouse-Lautrec, se préoccupa de plus en plus de problèmes religieux, fréquenta Huysmans (à partir de 1901), Bloy, Suarès et Maritain. De 1903 à 1914, il réalisa de nombreuses gouaches et aquarelles sur papier, qui traitent les thèmes des clowns, acrobates, prostituées, bourgeois infatués, symboles d'une humanité misérable, déchue physiquement et moralement (*L'Ivrognesse,* 1905 ; *L'Entremetteuse* ; *Forains* ; *Cabotins* ; *Pitres,* 1905 ; *Au miroir,* 1906 ; *Les Juges,* 1908). Georges Rouault participa aux expositions des Fauves, mais il s'éloigna d'eux par la technique, préférant des tonalités sombres et mêlées à l'exaltation sensuelle des couleurs pures, et par l'inspiration : profondément chrétien, il chercha à traduire picturalement sa vision religieuse et tragique du monde. Ses compositions semblent renouer avec l'art des imagiers du Moyen Age (icônes, mosaïques, fresques) par leur aspect hiératique, frontal. Remarquable graveur, il réalisa un monumental *Miserere* (1917-1927), une *Passion* (1939) et les illustrations des *Réincarnations du père Ubu,* d'Ambroise Vollard. On exécuta d'après ses projets des décors de théâtre, des céramiques, des vitraux (église d'Assy) et des tapisseries.

PRÉFACE

Ce peintre qui définissait son art comme une « ardente confession » et qui, de fait, s'est mis totalement en lui, il n'est pas étonnant que, dans ses écrits, en plus d'un écrivain qui fut heureusement tout le contraire d'un professionnel de la littérature, il ait mis également tout ce qu'il était, tout ce qu'il était comme homme, comme chrétien et comme artiste.

Ecrivain, son style n'appartient qu'à lui. Dans sa langue voisinent tours populaires (il affectionne les proverbes), archaïsmes et mots rares qui n'étonnent pas sous la plume d'un ami de Huysmans et de Bloy. La suppression fréquente de l'article donne du nerf à la phrase, qui reçoit de la couleur de l'emploi d'images nombreuses : les tracas de l'existence deviennent ainsi des « barbelés ». Dictées par le même besoin de pittoresque, les épithètes fourmillent. Généralement accouplées, elles nous rappellent que, dans sa peinture aussi, Rouault préfère assembler deux figures plutôt que trois. Et de même que dans sa peinture, où dominent toujours les bleus, il ne vint aux jaunes qu'à quatre-vingts ans et n'usa jamais qu'avec économie des rouges ; de même, dans ses poèmes, ainsi que dans sa prose, où abondent les assonances, il aime mieux les sons sourds que les sons éclatants. Les i plaintifs, les u qui chuchotent, les eu, les e muets lui plaisent davantage que les a et que les o, qu'il n'utilise guère que pour mettre en valeur, par contraste, les sonorités feutrées. Il en résulte une musique qui n'est pas sans rappeler celle, souvent, de Verlaine et qui fait de certains de ses poèmes des manières de *chefs-d'œuvre : ainsi* Oraisons du cœur contrit *ou celui qui commence par le vers :* Sourd je suis.

Si, écrivain, il ne fait guère que parler de lui-même, même quand il croit le faire d'Ingres, de Gustave Moreau, de Degas et de Cézanne, c'est qu'homme, il représente un type achevé d'égocentriste. Prisonnier de son enfance jusque dans sa vieillesse, il l'est encore plus de son adolescence, de cette école des Beaux-Arts où l'on tenta en vain de lui imposer le culte de l'art grec, de l'art italien, de Michel-Ange et de « Dominique » comme il dit — entendons Ingres. Et son horreur des critiques s'explique facilement par les attaques que, trop longtemps, ils avaient dirigées contre son art. C'est que, sous une apparence rude, il était un tendre, d'autant plus blessé par la vie qu'il cachait ses blessures. On comprend qu'il ait parlé de la « pudeur qui m'enchante[1] *» chez Ingres et que, de Degas, il ait écrit :* « Pudeur et retraite vis-à-vis du siècle (...), je les conçois même fort bien*[2]*. »*

On ne s'étonne donc pas qu'à l'instar de Degas encore et à celui de Cézanne, il ait été un « solitaire » appliqué à le demeurer parce qu'il savait que c'était là le seul moyen de rester libre. Refusant d'entrer dans aucune école, irrité quand les historiens de l'art lui assignaient une place dans tel mouvement, il est l'homme de l'indépendance, une indépendance à ce point sourcilleuse qu'il refuse tout embrigadement, même dans les rangs de la contestation. A ceux qui disent : « Ni Dieu, ni maître », *il répond qu'ils sont des esclaves, les esclaves de leur révolte, et qu'en proclamant, quant à lui :* « Je suis un obéissant*[3] *» il sauvegarde davantage les droits de l'individu qu'il est. Ce qui importe, c'est d'être ce qu'on est, et de l'être avec loyauté, sincèrement, avec naturel.* « Je n'ai jamais posé au penseur. Ce n'est pas là mon ordre*[4] *», confesse-t-il.*

Mais ce que l'on est, il faut l'être absolument — et Rouault d'imputer au crédit d'Ingres son appartenance à cette famille

1. *Ingres ressuscité.*
2. *Edgar Degas.*
3. *Climat pictural.*
4. *Stella Vespertina.*

d' « esprits absolus allant jusqu'au bout de leur conception [1] ». *Ce qui implique un courage et une générosité portant à
payer de sa personne, quel qu'en puisse être le prix, et à se
donner soi-même, sans réticence ni réserve. Mais, de grâce, ce
faisant, qu'on ne pose pas au héros ni au saint ! A l'humour
d'intervenir pour conjurer ce danger ; et c'est à bon droit que
Rouault pouvait écrire :* « Je suis un joyeux drille [2]. » *Il y avait,
en effet, un titi parisien dans cet enfant de Belleville : ce qui ne
l'empêchait pas, bien au contraire, d'être un seigneur.* « Peuple
et aristocrate », *ainsi qu'il se définissait lui-même [3], il fut, en un
temps de prolétaires et de bourgeois, un des derniers représen-
tants, avec Péguy, de la grande France médiévale.*

*Il le fut en particulier dans son christianisme, un christianisme
viscéral, chez lui, consubstantiel à sa personne, vécu et vivant,
épais, dru, direct, charnel, et dont il était à ce point pétri qu'il
emprunta spontanément, inconsciemment peut-être, à saint
Augustin le titre de ses* Soliloques *et à saint Jean celui de son*
Noli me tangere. *Les images tirées des Ecritures jaillissent
naturellement de sa plume.*

*Sentant la dimension surnaturelle du monde au point de
plaindre ceux qui la nient, convaincu que la vocation du peintre,
c'est d'en explorer le mystère, ce qu'il y rencontre d'abord, c'est
Jésus, mais Jésus en croix, Jésus bafoué, dépouillé de tout, et, de
ce fait, victorieux.* « La force de Jésus, c'est son dénuement [4] », *proclame Rouault. Et c'est ce Jésus-là, vaincu et
vainqueur, qui est par excellence fraternel à l'homme :* « seul
Jésus sanglant a bien voulu m'entendre [5] », *reconnaît-il
encore : audience et rencontre qui ont modelé pour lui son
expérience humaine. Horreur des riches — et les riches en
pouvoir, les riches en savoir, les riches en intelligence, ces
orgueilleux qu'il appelle tour à tour* « augures », « doctes »,
« byzantins » *sont plus riches à ses yeux que les riches en argent,*

---

1. *Ingres ressuscité.*
2. *En marge des doctrines.*
3. *Parler peinture.*
4. *Stella Vespertina.*
5. *Parler peinture.*

plus satisfaits, plus durs, plus inhumains, — amour respectueux
des pauvres, dont il sait parler en pauvre, comme il sied, et
tendresse pour les pécheurs, en qui, a-t-il écrit : « Jésus encore
tu demeures », c'est dans la lumière de l'Evangile qu'il voit
l'humanité, à la fois transformée et révélée par elle.

C'est ainsi également qu'il la peint, concevant son art comme
un moyen d'investigation qui se meut entre le réel et l'imagi-
naire, l'objectif et le contemplatif, pour appréhender le mystère
des êtres et de l'Etre. Ressource mise par Dieu au service de
l'artiste à la fois pour qu'il se délivre, en donnant le meilleur de
lui-même, et pour qu'il oublie la vie, la peinture, fatale et
volontaire tout ensemble, élaborée dans l'inconscience autant
que dans la lucidité, constitue pour lui l'approche toujours
incomplète d'un certain idéal inabordé et inabordable : à cet
égard, il se sent le frère de Cézanne et le fils spirituel de cet
Orphée, qui le hante pour avoir vu, comme tout artiste, se
dérober à ses regards l'objet de son amour.

Se mesurer avec le réel, mais ne pas faire fi de la leçon des
maîtres ; rendre l'art moderne le pair de l'art des musées ; à cet
effet, plein de méfiance pour la peinture littéraire qui confond art
et idées, penser en termes de plastique — « forme, couleur,
harmonie », aime-t-il répéter — et avoir à cœur de posséder son
métier, en étant, comme Daumier, un bon ouvrier et en
chérissant le travail bien fait, comme Degas — ce qui implique
le dédain et le refus de la virtuosité : telle doit être la peinture, au
gré de Rouault, qui en définit du même coup la sienne. Le
rapport est étroit entre ses écrits et son art, qui l'est également
entre tels de ses textes et telles de ses toiles ou de ses gravures. Le
rapprochement se fait de soi-même entre certains de ses poèmes
et ses Juges, *ses* Maternités, *sa* Péniche *du musée de Grenoble,*
ses Caissières *de cirque forain, ou encore, dans son* Miserere,
son Condamné *et sa* Dame *du haut quartier. C'est le même*
Rouault qui peint, grave et écrit, un Rouault partagé entre
souffrance et bonheur. Capable d'écrire le vers — admirable —
« Pour moi tragique est la lumière[1] *» et de définir, en termes*

1. *Images.*

non moins saisissants, son art comme « Un cri dans la nuit. Un sanglot raté. Un rire qui s'étrangle[1] », *il n'est pas moins sincère quand il proclame à maintes reprises la joie qu'il a vécue à peindre :* « J'ai été si heureux de peindre, fou de peinture, oubliant tout dans le plus noir chagrin[2] », *a-t-il reconnu un jour ; et, sans doute, souscrivait-il sans réserve aux paroles de Gustave Moreau qu'il a rapportées :* « J'ai eu ma récompense en mon effort[3]. » *Ici, l'artiste,* « pauvre hère », *ainsi qu'il l'écrit, pour qui l'art fut* « sa seule raison d'être[4] » *rejoint le chrétien et l'homme ; et tous trois nous proposent, affirmé dans ces écrits, un modèle d'une qualité exemplaire.*

BERNARD DORIVAL

1. *Parler peinture.*
2. *Stella Vespertina.*
3. *Gustave Moreau.*
4. *Soliloques.*

Soliloques

*A la chère
et douce Marthe
et à nos enfants.*

PARADE

De Paris mon pays, si je suis bien peu sorti, ne m'en vante ni n'en sanglote. Au long des jours et des nuits, je soliloque. Peintre bancroche fait ribote et s'enrichit sous tous horizons, objectifs ou légendaires, de tout ce qu'il voit ou entr'aperçoit.

La réalité a parfois pour un homme bien né ou un artiste sensible quelques barbelés qu'il convient d'oublier, même écorché. Alors la vision intime se précise pour l'aventurier mal en point et vient le remonter : Forme, couleur, harmonie ! — oasis ou mirage ?

Aujourd'hui lent comme tortue, demain vif comme lièvre, mais sans trop de fièvre et sans obéir aux commandements de la gent critique en mouvement perpétuel, l'aventurier chante son petit air, plus ou moins bien, suivant le temps, la saison, sans s'endormir sur les lauriers vite fanés de la publicité des managers aguichants, ni froncer les sourcils si les cours viennent à baisser.

Que viens-tu faire ici, pauvre pèlerin d'un art légendaire ? Ta voix se perd en ces ténèbres, la moitié de la planète est en guerre téméraire. (O mon pays, en ces temps de hargne et d'offenses, plus que jamais je te chéris.)

Bien que passant auprès de tant de gens pour anarchisant (j'en suis bien loin), libre en esprit, toujours en éveil, j'admire certains anciens.

Gentils mondains disent souriant : « L'art est un agrément, un charmant passe-temps, un décor aguichant. » D'afféterie

ou vanterie ne m'accuseront-ils pas, si je leur réponds :
« Pardon, messieurs, pour votre serviteur, privation de ce
passe-temps dont vous parlez si gentiment, serait, je crois,
mort lente. Pour ce pauvre hère, l'art est sa seule raison
d'être. »

Hypnotisés par les frises du Parthénon, d'imprudents gar-
çons furent changés en glaçons.

D'autres, envoûtés par le *Jugement dernier* de Michel-
Ange, allaient courbés et pantelants comme damnés, incapa-
bles d'en faire ni dire davantage.

Equilibre, ordre, mesure, disent-ils tous avec usure.

Qu'ils regardent donc Arthur, au Cirque de l'Etoile filante,
se balancer sur le fil d'acier, bondissant et rebondissant, prêt à
tomber et ne tombant jamais, — c'est en riant qu'il enlève
prestement les vingt gilets à fleurs brodés par ses sœurs. Sans
avoir l'air d'y penser, ne donne-t-il pas leçon d'équilibre aux
gens les plus autorisés à nous instruire en ce sens ?

Equilibre, ordre et mesure ne se soutiennent pas exclusivement par le dehors, exhibitionnistes de mon cœur, mais
commencent au-dedans. Non seulement il faut donner de soi-
même le plus secret et le plus amoureux tribut, sa vie durant,
mais ne pas s'endormir sur les louanges, succès ou honneurs
fugitifs, ni redresser l'échine, ni se laisser trop impressionner
par le nombre des boutons de nacre qui brillent à la robe de
cérémonie du mandarin le plus célébré.

Cela dit, je me tais, de peur de contrister quelqu'un, et je
retourne à mon quartier du vieux faubourg, où je naquis au
fond d'une cave, en temps de guerre civile et étrangère. C'est
pourquoi, j'imagine, des amis de la Lumière m'ont dit plus
tard « peintre des Ténèbres et de la Mort » — autant dire
peintre maudit. En ces temps troublés, ils subodorent la rose
d'Ile-de-France en exclusivité. Fermant à demi les paupières,

la bouche en cœur, ils m'invitent à en faire autant, mais dans le rang, hélas ! je ne conserve pas l'alignement.

Ne se rendent-ils pas compte pourtant qu'ils m'honorent en me décernant ce titre, qu'ils me haussent, sous prétexte de me rabaisser, à un rôle que je ne me sens pas qualité de remplir à mon honneur, quand tant d'anciens l'ont illustré de si belle manière ?

Objectivisme, subjectivisme, — depuis que je suis né, j'ai désiré en ardente fringale aussi bien ce qui ne se voit pas ni ne se touche de nos mains infirmes, que ce qui se distingue avec certitude. Du jour où j'ai peint, j'ai trouvé en cet art bien-aimé alerte raison de vivre, un certain équilibre de la vue, de l'ouïe, aussi de l'esprit et du cœur. Si parfois j'ai transposé la réalité, ce que j'ai pu voir au début de ma vie m'a cependant marqué d'une certaine manière, — comme l'acide marque la plaque de cuivre.

A l'époque où j'y vivais, n'était pas encore converti, mon village de Belleville, en arrondissement parisien. Les chevaux de remonte tiraient encore paisiblement le petit omnibus, en record de lenteur bienheureuse, car du centre de la ville la montée était rude.

De Belleville à Montmartre j'ai erré, de jour, de nuit, à peine tenant mes deux pieds.

Adolescent pâle et maigre, m'amusant d'un rien comme ceux à qui tout manque à la fois, trop sérieux pour mon âge, disait l'aréopage des gens sages, cependant bien trop naïf, j'écoutais et croyais celui-ci, celui-là ; ensuite restais assez pantois. Avec certaines vieilles gens je me sentais d'invisibles liens, et me supposais parfois leur être très peu étranger — c'était bien de la prétention, certes.

Dans ce vieux quartier, comme tant d'autres j'ai souffert en silence de tant de misères qui creusent sillons et rides profondes sur le visage de la plus belle fille du monde, mais n'altèrent pas toujours la vaillance, belle et bonne humeur dans les combats journaliers, et n'empêchent pas le savetier de chanter.

La couleur grisa l'apprenti peintre verrier. Avant de s'être coupé les doigts au verre si franc d'aloi, son œil avait été sous l'emprise d'anciennes verrières de ton haut monté, à restaurer.

Chers anciens, loin du mercantilisme je rêvais d'être votre serviteur, et je vous évoquais en fermant les paupières, distrait un instant du travail ridicule qu'on me faisait faire : parodie de ce que j'aurais désiré accomplir avec des teintes pures comme des flammes, d'abord et avant tout une « mosaïque de verres » qui rendît au vitrail sa splendeur première, non l'imitation d'un tableau vivant[1].

Car en mon vieux faubourg je suis longtemps demeuré.

En cette vie d'embûches et de malices, j'ai appris à plonger, à me laisser porter entre deux eaux, à remonter en surface, — sur toute chose occupé à rendre mes œuvres plus belles, plus expressives.

Forme, couleur, harmonie ! On n'est jamais assagi, même à soixante et douze années d'âge ! On espère quoi, je vous le demande ?... le miracle ! — « Que voulez-vous dire par là ? » rétorquent aussitôt certains positivistes. Envoûté par la forme et la couleur, l'aventurier rumine...

A faire ce métier, j'ai perdu mon teint de pêche, mes yeux clairs sont devenus plus durs, mais je crois avoir préservé en

---

1. Ce verrier dit avoir trouvé un beau rouge, — il faut croire. Cependant, maître verrier, il s'agit peu de trouver un rouge, mais de savoir le bien placer par rapport aux autres tons. Quantité est bonne, mais qualité donc : peu importe d'avoir dix rouges, si l'on ne sait s'en servir.

Le grand nombre des tons, la richesse du registre ne procurent à l'œil nulle joie durable, mais bien le choix qu'en sait faire l'artiste, et la manière dont il compose et harmonise son chant.

Le vitrail, mosaïque riche de verres de couleur, à la longue est devenu jeu de trompe-l'œil imitant le tableau. A mesure qu'on a voulu plus de vérité et de réalité, on a perdu le sens vrai du vitrail. On a commencé par modeler un peu plus le trait, puis on a fait étoffes riches, perspectives plus profondes, têtes en ronde-bosse plus réelles, jusqu'à oublier sa destination première qui était d'orner une travée lumineuse ouvrant sur le ciel, de l'orner même d'harmonies sourdes si vous voulez, mais en lui conservant son caractère de mosaïque lumineuse, sobre et plate, en accord avec l'architecture, et non pas de lutter avec le tableau, par plans de plus en plus accusés et vrais — ce qui n'est pas même toujours la loi du tableau.

mon art, si ce n'est trop de prétention, certaine candeur.

Vif, parfois trépidant, bien que combattant la passion qui conduit d'autres à mal faire, je deviens, en mon oasis pictural, un autre bougre, accommodant au possible. Cet état d'euphorie m'a valu, si pauvret que j'aie été, avec une nombreuse famille à élever et un art assez altier à pratiquer, dans des conditions matérielles insensées, — m'a valu quelques joies durables, essentielles à mon labeur quotidien, mais aussi quelques maléfices longs et tenaces du fait de certains contemporains. Du reste, je ne regrette rien, la vie est un combat assez singulier parfois.

Je fus comme paysan en son champ, attaché à la glèbe picturale, comme pendu à la corde de chanvre, comme bœuf à l'attelage, bien que rétif en diable, ne levant le nez de mon ouvrage que pour fixer la lumière, l'ombre, la demi-teinte, les traits des curieux visages de certains pèlerins, et pour enregistrer formes, couleurs, harmonies fugitives, jusqu'à croire que j'en garderais au-delà du tombeau fidèle souvenance.

Doux spectacle de la moindre réalité, quand la lumière caresse la forme !

Tout en honorant certains anciens, il est permis, j'espère, de ne pas se laisser envoûter par eux au point de devenir un pilier de musée et de ne plus rien voir ni sentir de ce qui nous entoure. Permis de ne pas singer ou pasticher une telle perfection technique. Permis au plus pauvre hère, en cet art bienheureux, s'il est amoureux, de dire sa plainte ou son air, de pousser sa note pauvrette, sans chercher à s'enfler comme grenouille voulant se comparer au bœuf, de varier le rythme légendaire ou réaliste.

Artiste bienheureux, même si ton art est un art de malheur, prends la hart et viens-t'en, pèlerin, par tous chemins. Il n'est qu'une façon de te sauver, c'est de ne pas avoir trop d'indulgence pour toi-même ; de rester conscient de ton indigence ; de ne pas prétendre donner équivalence du *Jugement dernier* du petit homme noir de Florence, tordu par le feu intérieur qui le consume ; en ton sillon, si modeste soit-il, de faire de ton mieux ; de t'y donner en silence, ô homme de bonne volonté, licence d'aimer.

L'art, mineur ou majeur, est pour moi délivrance. Tu te purges, damné, de tant de maux invisibles aux yeux du prochain, sans même t'en douter ni si bien le combiner. Délivre-toi, comme femme en accouchailles ! Les uns diront ensuite entre bas et haut : « Cet enfant est beau ! » ou d'autres pèlerins : « Il est horrible en diable ! » Comme mère ourse, lèche-le sans cesse et le pourlèche. Il n'est et ne sera cependant que ce qu'il est, en cet art de malheur.

L'art est délivrance, joie intime, même dans la souffrance, — la vie, combat jusqu'à trépasser. L'art bien-aimé est une langue encore inconnue de ceux qui en parlent, à tort et à travers, avec fausse humilité parfois, ou d'autres avec tant de jactance ; qui donnent toujours leçon et qui croient que tout s'acquiert, en science livresque, quand il faut au contraire tracer sans cesse de nouveaux sillons, bien loin de pouvoir prendre quelque repos.

Payer de sa personne, voilà le fait, sans craindre d'être accusé d'individualisme forcené ; creuser soi-même son sillon, en plaisance ou souffrance ne jamais se ménager, au lieu de chercher toujours des répondants dans le passé ou le présent, et de se gaver de science.

Certains supposent que tout s'acquiert à commandement, et par volonté tendue comme arc bandé, mais c'est là une charge de l'individualisme, un semblant ; d'autres, qu'il suffit de tout ignorer pour jouir du Paradis perdu enfin retrouvé.

Au centre du mouvement, en pleine ville tentaculaire, sur le fumier de Byzance, poussent et s'épanouissent fleurs étranges qu'on ne trouve que là — fleurs du mal, direz-vous à la cantonade. En ces déduits et barbelés de l'inspiration intérieure, ne vous risquez pas tant. Ne soyez pas si sûrs de votre fait, pauvres humains. Ne croyez pas qu'à l'Académie du Beau fixe, ces messieurs sont de tels Olympiens, quoiqu'ils prétendent être les héritiers authentiques de certains anciens. A voir leurs œuvres, il me sera permis, sans méchanceté noire, d'en douter.

Il n'y a art intime bien venu qui n'ait droit de cité auprès d'un art épique ou légendaire. L'art qui s'honore n'est à la dilection, disposition des partisans, ni à leurs gages. Il n'est pas exclusivement décoratif, ni par lui-même subtil ou vulgaire. Il n'est pas non plus qu'arabesques, ô virtuoses au cœur mort. Ce n'est pas même toujours le sujet qui élève le pèlerin, mais l'accent qu'il y met, le ton, la force, la grâce, l'onction. C'est pourquoi certain art prétendu sacré peut être profane. Et tel qui prie avant de peindre, faire cependant œuvre médiocre. N'est pas l'Angelico qui le croit ou le désire. En revanche, il n'est pas défendu de viser un but hautain, si l'on reste humble de cœur et peu surpris de ne pas être toujours exaucé.

L'art est délivrance, même dans la souffrance, mais aux yeux de ceux, parias, qui n'ont pas sens intime de la liberté de l'esprit, l'art est crime.

A l'atelier Moreau, j'étais déjà le père Rouault. J'avais vingt ans, je ne m'en choquais guère. Las ! j'en riais, yeux clairs, blonds cheveux, me sentant plus riche que Crésus d'espoirs dérisoires aux yeux de certains, pauvret sans amertume ni rancune contre le sort contraire, sinon par sursauts.

On chantait dès le matin, tout en peignant plus mal que bien. Quand le patron arrivait, le silence régnait, car sous air débonnaire il se fâchait parfois, prenant au sérieux son doux ministère, allant de l'un à l'autre, débordant le sujet, surtout le samedi, jour de l'Institut, où il corrigeait les esquisses peintes, dans la petite rapinière proche du grand atelier. Il s'en donnait à notre grande joie et plaisance, se mettant en retard pour déjeuner, retenu encore en bas, aux Antiques, par les débutants qui n'avaient pas encore fait choix d'un patron.

Nous savions grâce à lui que l'Art n'est pas chose si facile : Revenir parfois sur ses pas, se tâter, et ne pas être tellement assurés que nous devions exactement suivre, d'une génération à l'autre, ceux qui nous ont précédés. La tradition est aussi dans l'air que nous respirons. Elle fleurit en ordre dispersé, sans suite mathématique et précise. La vie est un songe, et s'il fallait en polémiques quotidiennes tenter de peser le pour, le contre, le juste milieu des thèses diverses, on succomberait en chemin. Il faut se dire en paix : A chaque jour suffit sa peine, — mais ne pas s'endormir pour autant, être souvent en éveil.

— Comment oserais-je, disais-je au vieux patron, en face d'œuvres aussi parfaites, d'une technique aussi accomplie, penser à mon pauvre effort particulier ? Y penser autrement que pour le critiquer ?

— Vous vivrez, répondait-il (bien hardi), vous vivrez, je vous le dis, et si la voie est fermée et tellement accomplie en certaines œuvres anciennes, vous ne serez jamais « pompier », sans même vous travailler tellement l'entendement. Laissez donc ces anciens filer leur nœud, faire leur couple, et allez votre train avec bonhomie. Il faut vivre et souffrir pour son propre compte. Il est des choses que vous ne comprendrez bien et complètement que le jour où vous aurez passé par certaines épreuves. Quand vous aurez vécu, souffert en cette vie, mais seulement alors, ne craignez pas la solitude.

La Douleur, ô épicuriens, serait-elle chassée du monde que bientôt elle y reprendrait pied pour certains pèlerins.

Les plus puissants seigneurs, qui se campent et s'épanouissent, me font sourire. La joie de vivre, vous croyez la posséder, mais à condition de vous boucher les oreilles et de fermer souvent les yeux. Les gens ont-ils d'ailleurs jamais le temps de rien voir, que la réalité les gifle ou qu'une vision bienheureuse les porte, par grand hasard ?

Certaines œuvres d'art sont faites pour être conspuées dès leur naissance. Picturalement, être motif à scandale ne fut jamais mon but. Je n'ai pas voulu le scandale, je n'ai jamais recherché les polémiques, ni désiré choquer, blesser autrui. D'aucuns me montrent tel un monstre acharné sur une humanité que je souhaite ignoble et abjecte de parti pris, paraît-il. Non ! Non ! Jamais ils ne me feront dire picturale-

ment ce que je n'ai pas voulu. Ils n'ont jamais compris le fond
de ma pensée envers cette humanité que je parais bafouer. Ils
n'ont jamais entendu comme moi, avec une telle intensité, en
paix ou en guerre, le râle de la bête égorgée, la bouche qui
s'entrouvre sans qu'aucun son ne sorte, comme en rêve
déchirant. Attaché à cette terre comme le vieux Pan, lourd et
pesant, je vois des millions d'êtres humains disparaître en ces
terribles guerres. Et me voilà muet, sans voix, figé sur place,
hypnotisé comme l'oiseau par le serpent.

Pensant aux morts qui eussent honoré ce nom d'homme en
tous ordres (il en est encore sur cette planète), épouse encore,
et de plus en plus étroitement, les longues patiences spirituelles.

> Pauvre marinier
> Sur l'Océan sans limite
> Je suis indigente poussière
> Que le vent balaie.
> J'aime la divine Paix
> Et la lumière
> Jusque dans les plus noires ténèbres
> En guerre pour un bien spirituel
> Que je ne trahirai jamais.

On naît et on meurt solitaire, sans tant l'avoir voulu ni
recherché. On passe pour farouche ou amer aux yeux des gens
trop pressés, ou si l'on s'est montré, en ses jeunes ans, trop
sensible aux arrêts des justiciers, mais quand on s'aperçoit
qu'ils changent si facilement d'opinion, suivant le vent qui
souffle, on s'endurcit, gabier.

Seigneur,
si je n'avais vécu en certains barbelés, sentirais-je jamais un
seul instant le prix de l'effort individuel, discret et constant?

N'est pas tellement ambitieux celui qui tente de s'évader hors du train-train journalier, même s'il n'y réussit pas.

Gustave Moreau disait : « Encore faut-il avoir quelque imagination pour aimer les œuvres d'imagination. »

Quand il vit des essais que je lui montrais en tremblant, à l'une des premières visites que je lui fis : « Ah ! vous aimez la matière, me dit-il, eh bien ! vous verrez ! Je vous souhaite du bonheur. » Il reprenait ce leitmotiv : « Vous verrez, vous verrez... » Et moi de lui répondre : « Qu'entendez-vous par là, qu'est-ce donc que la matière ? — Comment, dit-il, vous me le demandez ? »

Plus tard, après avoir vu *Le Christ mort pleuré par les Saintes Femmes,* sujet du prix de Rome, il me faisait encore cette remarque : « Vous m'avez dit que c'était raté, voyons, vous ne savez donc pas ce que vous faites ? »

Il pressentait que la matière m'était nécessaire, mais je ne m'en rendais pas moi-même très bien compte, je n'en avais pas la notion précise, ne sachant pas m'expliquer. En riant, il ajoutait pour conclure : « On ne devrait vous avoir aucune reconnaissance quand vous nous faites plaisir picturalement, vous l'avez fait sans vous en douter. »

M. Marcel Sembat fit cadeau au musée de Grenoble de diverses œuvres, entre autres du *Christ mort pleuré par les Saintes Femmes,* qu'il acheta tout de suite après l'exposition du Concours de Rome et pour lequel Gustave Moreau voulut que j'obtienne le Grand Prix, et non pas le second ; ainsi je fus définitivement excommunié. Marcel Sembat disait en parlant de Gustave Moreau et de moi : « Mère poule a couvé un œuf de cane. » Ceci peut paraître amusant, mais n'est pas très juste. A un certain stade de sa vie, quand on n'avait pas encore conseillé au patron de faire surélever sa maison, pour qu'il pût voir enfin l'ensemble de ses œuvres entassées là depuis si longtemps, il m'avait confié, après mes deux montées en loge pour le prix de Rome, son désir — son état de santé devenu précaire — d'aller loin de Paris, vers une petite ville morte d'Italie où l'on peindrait en paix, à l'écart des combats et des polémiques qu'il jugeait un peu stériles.

Il m'acceptait en fin de compte, dans les grandes lignes, même en des directives assez différentes des premiers tableaux que j'avais peints. Il avait pu voir, en effet, bien des tentatives plus naturalistes, différentes de l'*Enfant Jésus chez les docteurs* et du *Christ mort,* et même une esquisse peinte de deux bouchers. Je crois cependant qu'il aurait eu plus d'inclination pour mes premières œuvres, mais il était capable de discerner infiniment mieux que certains critiques « de quoi il retournait », comme dit le populaire.

Voici un exemple. Devant un grand paysage que je lui montrais, il me dit très bien que la qualité picturale lui semblait moins heureuse — « un peu toile cirée », concluait-il, ce qui était exact, mais dès ma plus prochaine veillée chez lui, deux ou trois jours après : « J'ai réfléchi, dit-il, c'est en effet moins bon en un certain sens, mais plus sensible au point de vue d'une poétique picturale. » Il ajouta en souriant : « Vous êtes du pays de Shakespeare », ce que je ne compris pas très bien sur le moment.

Parfois l'artiste qui vise un art légendaire demande moins contribution à la réalité. Mais encore faut-il que sa technique s'adapte à ses désirs ! S'il est fait pour décorer une boîte à parfums ou un éventail, qu'il ne suppose pas que son « style » pourra convenir à des dimensions d'envergure !

Sans parti pris ni commentaire, dimanche j'ai surpris au musée un enfant qui frottait du poing une toile de Carrière mal tendue, et s'écriait devant sa mère qui protestait : « Il y a du brouillard... il y a du brouillard... »

Devant un Rodin, après avoir tourné autour de l'œuvre, le père discrètement aux siens expliquait, pensif et respectueux : « Je crois que c'est un tronc d'arbre. »

Aucune réflexion, devant un tableau ancien représentant les plénipotentiaires de deux armées au moment de conclure la paix, — auprès d'eux, des amours joufflus tiennent des flambeaux : « Jean Bart enfant, mettant le feu aux tonneaux de poudre », explique le cicerone, quand il s'agit de tonneaux de vin, entreposés là pour sceller la bonne entente.

Sans m'étendre sur ce sujet ni céder à une moquerie trop facile, il est peut-être permis de penser qu'une Ecole de guides un peu plus compétents serait utile. Mais parfois le spectateur tient à dire lui-même son mot, témoin cette étrangère qui, d'une voix autoritaire, devant les *Disciples d'Emmaüs,* de Rembrandt, exposés au Salon carré du Louvre, s'écria, en désignant le Christ : « Il ressemble à un cordonnier. »

En cet art bien-aimé, notre vieux Dieu vomit les tièdes, n'est-il pas vrai, père Cézanne ?

Ce disant ici, je ne crois pas vanter cette agitation factice et sentimentale, tout extérieure, cette fièvre quarte qui rejette certains dans une réaction prétendue classique, par opposition à des recherches différentes, condamnées trop facilement.

Il y a la convention du classicisme, dirais-je bien le semblant, comme aussi l'outrance du romantisme ; et cependant « n'est pas même Boucher qui le croit ou le souhaite », comme disait Cézanne, — et, certes, encore moins Poussin.

Des choses peintes légèrement peuvent être magnifiques. Ce n'est pas de « maçonner » qui fait nécessairement la qualité d'une matière picturale, de manier le couteau à palette comme une truelle.

Cependant, cette mode de « l'art décoratif » a amené peu à peu désaffection de la matière, et certaines peintures dans l'avenir seront parfois, semble-t-il, un déjeuner de soleil, parce que peintes un peu comme une aquarelle.

Renoir et Cézanne, à certain âge, et même assez tôt, revinrent vers les musées, mais non pas en curieux, ni en dilettantes. De Renoir on pouvait voir, rue de Rome, chez Durand-Ruel, *La Loge,* le *Portrait de Samary* et d'autres œuvres pour lesquelles certains avaient une vive inclination.

Pour Cézanne, c'est en plein triomphe, et non pas à propos des novateurs mais des suiveurs et des profiteurs officiels de l'impressionnisme, qu'il disait : « Refaire le Poussin sur nature » — mot bien incompris. Cézanne est trop peintre pour faire à la lettre et de façon précise ce que semble signifier pour beaucoup cette courte phrase — il faut en comprendre l'esprit.

Renoir devient amoureux de *La Belle Jardinière* du Sanzio et s'attire cette boutade de J.-K. Huysmans : « Comment ! vous coupez encore dans le bromure de Raphaël ? » Mais J.-K. Huysmans et aussi Léon Bloy accusent à tort le Sanzio des petites suites picturales de la rue Saint-Sulpice, qui n'ont rien à voir avec certaines de ses œuvres.

Pour Degas, il put voir de son vivant la magnifique exposition Ingres, organisée par feu Lapauze qui, allant de l'un à l'autre, disait avec l'accent : « Quelle leçon pour nos jeunes gensses ! »

Certaines doctrines superbes peuvent s'en aller en fumée. Il arrive même, je vais plus loin, qu'on puisse parler avec éloquence et sagacité de notre art, — autre chose cependant de réaliser une œuvre un peu relevée, tant et si bien que celui qui demeure muet, incapable d'expliquer lumineusement ce qu'il a fait, peut très bien cependant faire œuvre de qualité.

D'autres disent : « L'art se meurt » — mais ce sont eux parfois qui sont agonisants.

C'est le temps qui fait la sélection, et que de laissés-pour-compte, parfois de réhabilitations !

« Vaut-il pas mieux cependant, disait le vieux Carrière, que ce soit la vie, si dure soit-elle, qui fasse cette sélection, que MM. Bouguereau, Bonnat et *tutti quanti* ? »

Images et couleurs, pour un peintre, c'est sa façon d'être, de vivre, de penser, de sentir.

Aussi, à l'inverse des gens de doctrine étroite qui discutent, pèsent, soupèsent, jaugent avec lunettes, lorgnettes, verres grossissants ou non, voire télescopes, poids et mesures, compas d'arpenteur, niveaux d'eau, naisse un pauvre bougre du petit bouchon de peintre, alors leurs théories et leurs calculs spécieux sont foutus. La moindre petite œuvre de rien du tout, faite au bagne ou dans un palais, par je ne sais qui, peut-être par ce pauvre bougre de petit bouchon de peintre qui n'a demandé ni à naître ni à peindre, cette œuvre de rien du tout, faite avec de pauvres moyens, va faire dérailler le jugement si plein de bon sens et de raison de tous nos docteurs ès arts peut-être pendant cent ans.

Mais rien ne les vaincra apparemment : ils sont le nombre. Ils écriront livre sur livre, ils entasseront document sur document, ils seront décorés de tous ordres les plus relevés.

Pauvre petit bouchon de peintre, qu'importe leur triomphe, si ton œuvre est là plus touchante que tous les livres des pédants pour l'expliquer !

Il n'existait à cette époque qu'un Grand Salon, et il était difficile aux irréguliers de se faire une petite place au soleil, en dehors du clan officiel. Quand Gustave Moreau fut mort, à part quelques-uns, très rares, qui avaient trouvé grâce au Salon des Champs-Elysées, le troupeau entier fut dispersé. Les Indépendants existaient déjà à cette époque cependant, puis furent créés le Salon d'automne, au temps de Carrière, et la Nationale, qui, depuis, a d'ailleurs rejoint le Salon officiel.

Il y aurait quelque mérite, sans s'ériger en justicier ni en arbitre, à « décourager des Beaux-Arts », comme disait Degas. Pour les uns, ce sacerdoce consisterait à excommunier Courbet et Manet du royaume pictural, s'ils n'avaient si forte santé, et à laisser à perpétuité en cimaise des hors-concours du Salon officiel. Pour d'autres, à accueillir avec faveur tout ce qui passe pour nouveauté.

Sans avoir la prétention ridicule de voir plus clair que le commun des mortels, j'estime que mieux vaut être vaincu que triompher de certaine manière. Et vaincu, qu'en sait-on ?

Sous la peau du lion pointe souvent l'oreille d'Aliboron, en tous ordres de l'action et de la pensée. Celui-ci se donne du talent à gratuité, cet autre du génie de la plus rare qualité. Mais encore, si ce laideron fait des grâces et se croit Vénus épanouie, laissez-la donc en paix à ses ébats ! La terre continue à tourner, le printemps à venir. Qu'importe alors ce que tu dis, ce que tu fais, ce que tu penses, dès l'instant où je ne suis pas forcé de voir la nature et les œuvres de l'homme sous le même horizon que toi !

Quand je vis l'exposition Cézanne aux Tuileries[1] (je connaissais de longue date, isolément, à peu près toutes ses toiles, pour les avoir vues soit rue de Laffitte ou rue de Gramont, soit à Saumur, à la fin de l'avant-dernière guerre 1914-1918, où la collection d'Ambroise Vollard était entreposée), je fus étonné de constater combien injuste était encore l'opinion générale. Plusieurs qui ont écrit sur les œuvres de ce prétendu naturiste n'ont pas assez insisté sur le délicat et subtil métier qui fait de Cézanne, non seulement par la matière, mais par la conception de la composition et par les accords, comparativement à certains suiveurs d'un impressionnisme facile, une individualité forte et heureusement équilibrée. Loin d'un modernisme facile, il nous incite à faire retour vers une tradition picturale solide et forte, ayant remonté le courant d'autre manière que Degas et Renoir, avec une ténacité qui l'honore.

Un critique improvisé murmurait devant moi à l'oreille complaisante d'un néophyte : « Pas une œuvre ! » Il ne trouvait pas là, évidemment, le petit cliché habituel si bien retouché et qui plaira toujours au plus grand nombre.

Quand je fus à Aix-en-Provence, envoyé par Ambroise Vollard pour m'occuper de cette fontaine Cézanne dont on retrouvera un jour plusieurs esquisses parmi mes œuvres peintes, le projet primitif dévia bien vite, et j'eus un instant l'idée de faire, avenue Puget, à Marseille, sur le côté d'un square, une fontaine où les médaillons de Puget, Cézanne, Daumier, auraient été encastrés dans ladite fontaine. L'idée m'en était venue quand je désespérais de la faire ériger à Aix-en-Provence, à cause des différents services administratifs

1. 1936.

auxquels il eût fallu m'adresser. J'ai toujours eu peur du fonctionnarisme et de ses lenteurs. Finalement, tout fut très simplifié. Comme Aix-en-Provence est la ville des Belles Fontaines, on incrusta le médaillon de Cézanne exécuté par Renoir dans une vieille fontaine, me dit-on ; car je ne le vis point, n'étant pas retourné là-bas, et si Cézanne fut trop modestement honoré en sa ville natale, ce qui est souvent le cas pour tant de pèlerins, du moins je ne pris pas trop d'importance et n'imposai pas un culte cézannien dont il pouvait merveilleusement se passer.

C'est essentiellement par nos œuvres que nous devons nous défendre. Que de monuments hâtifs dont certains jeunes de la génération montante diront : « Quel était donc ce Monsieur-là ? » Que de rues, d'impasses, dédiées à Pierre ou Paul, dont on sourit en pensant au charmant pittoresque des noms anciens : rue du Chat-qui-pêche, rue de la Tour-des-Dames, rue de la Butte-aux-Cailles, rue du Chant-de-l'Alouette, rue Gît-le-Cœur.

ANCIENS ET MODERNES

Sourire de l'Ange de Reims, apôtres, saints frustes, âpres, avec leur droite et ferme tête, semblent là pour l'Eternité.

Ils ne sont pas épanouis comme des Rubens dans la pulpe du fruit, ils sont le fruit même, bien ferme, ni dans la grâce un peu forte de certains Italiens, ils sont d'une autre race, qui respire le parfum des campagnes françaises.

Formes fières et simplettes, leur front n'est pas immense comme celui de ces Enfants Jésus, dont le regard chargé d'éclairs brille d'une intellectualité redoutable, avec l'expression d'un Napoléon Imperator.

Ils vivent cependant ces naïfs bonshommes de pierre, la Vierge aux épaules tombantes, le petit Enfant et tous les autres comparses, angelots et diablotins, là où l'humble compagnon les a sculptés, en retrait ou dans la lumière, et leurs corps soumis à l'architecture de l'édifice épousent bellement cette niche, cet angle, cette rentrée ou cette saillie, la sortie ou le jet du sobre rinceau, — leçon pour ceux qui se supposent capables d'acquérir un grand style à gratuité, en traitant des sujets épiques.

« Non nobis, Domine, sed nomini tuo da gloriam. »

Ils sont le lierre et l'ornement gracieux et docile du Temple du Seigneur.

Vivre au-dedans de nous-mêmes, disent les figures convulsées du *Jugement dernier* de Michel-Ange, et elles sommeillent ; se tordant, bandant leurs muscles, mais une léthargie mortelle les saisit. Elles se replient vers le rêve intérieur.

Et les corps en grappes, en entrelacs, se détachent sur un fond d'âpre mélancolie. On a la sensation d'un monde antique figé, hypnotisé, incapable de remonter le courant du monde nouveau. Tragique épopée de titans redoutables qui n'achèveront jamais le geste ébauché. Ils attendent. Qui les délivrera ? Ce sont des captifs ! Leur créateur est captif lui-même !

O Michel-Ange, déjà vos figures pour l'Eternité, quand vous les créez, ont les yeux fermés.

C'est pourquoi, dans l'abandon de la grâce, dans l'amour de la vie, un Raphaël, un Rubens semblent d'heureux enfants qui s'ébattent.

Michel-Ange est le sombre aïeul des solitaires modernes, et l'art bien-aimé le port d'attache où il se réfugie, où il se multiplie devant les redoutables épreuves qui l'assaillent de tous côtés jusqu'à la mort.

J'ai rêvé cette nuit que je rencontrais M. Fromentin, peintre critique. Il avait une grosse loupe à la main, et comme un commerçant scrupuleux qui marque respectueusement son « doit et avoir », il inventoriait pour l'avancement de la critique certaines œuvres de Rembrandt.

Penché sur la *Ronde de nuit,* il se déplaçait lentement de droite et gauche, revenait à maintes reprises au point d'où il était parti, travaillant avec scrupule et honnêteté.

Que demander de plus ? Mais je ne sais pourquoi, il me semblait téméraire, à moi.

Il savait écrire, il avait recueilli sa vie durant des hommages mérités, mais un « je ne sais quoi » lui manqua, que Rembrandt avait de surcroît.

J'entendis un jour un expert se réjouir de ce qu'une œuvre renommée du vieux lion hollandais avait été retouchée, repeinte même, — sans quoi, disait-il, elle aurait été perdue. Degas eût répondu qu'il fallait la laisser en paix, et que ce que craint le plus une œuvre d'art, c'est la main de certains hommes. Cet expert conservateur fut très choqué quand je lui dis à mon tour : « Vous parlez avec admiration du génie de Rembrandt, votre restaurateur aurait-il donc équivalence de ce génie pour se permettre de refaire certaines de ses figures ? »

Rembrandt, hors l'ornière des lieux communs, renouvelle tout sujet qu'il traite. Abandonné et peu compris de ses contemporains, il traduit une émotion de qualité exceptionnelle, sans gesticulation vaine, encore plus sensible dans les sujets faits d'une légère sépia, où le tableau se trouve parfois tout construit en quelques traits essentiels.

Il ne sourit pas souvent en ses nombreux portraits, sinon dans sa prime jeunesse, une ou deux fois.

A-t-il pas fait, si je ne me trompe, au sens humain et intime, à l'encontre de tout exhibitionnisme et vers un sentiment très pur et dépouillé, ce que les primitifs avaient fait en autre directive et en un sens plus hiératique ?

Art pictural, si mal connu en ses ressources infinies ! On s'informe par curiosité mondaine, plus que par goût et désir vif de mieux savoir, comprendre ou aimer.

De ton vivant, notre Corot, on te reprochait de ne point construire tes tableaux, ou de le faire contre toutes les règles du temps. Avec une corde à ta lyre, tu es plus riche que virtuoses avec toute leur brillante orchestration ! Mais je m'assure, ce sont eux qui te donnaient leçon, eux les traditionalistes, ou qui le pensaient être. Toi tu étais en marge, à côté de la Tradition. Tu étais trop simple, notre Corot pour les satisfaire, toi qui disais : « Je peins comme ça vient. » Mais vois : ils sont bien morts, et tu vis.

Si Ingres est devenu l'Imperator, tu as ton inestimable chant en mineur. Tu peins d'abord certains paysages quasi classiques, laborieusement, avec conscience, application, souci d'une perfection manœuvrière. Tu acquiers, tu concentres. Le moment de l'épanouissement viendra. Ainsi se prémunit et fait provision celui qui entreprend un grand voyage. Car pour l'homme fort, il y a temps de semailles, de germination, d'épanouissement, ensuite de moisson ou de vendange.

Quel peintre, ce Courbet, malgré son manque de goût parfois ! Vous trouverez toujours cependant des amis de la Perfection, qui regretteront de ne pouvoir allier Térence à Molière, ou Ingres à Courbet. D'autres, de ne pas voir le même artiste rugir comme lion, puis bêler comme agnelet. Mille regrets !

Dans *L'Atelier,* au Louvre, la partie centrale avec le modèle nu, voilà un tableau ! Quant à l'*Enterrement à Ornans,* de si longue date relégué dans des salles obscures, nous le voyons maintenant. Certes, le *Triomphe d'Homère* était plus facile à faire prendre pour de la grande peinture. On laissait Courbet dans l'ombre — « brutal naturaliste », disait-on. Ingres idéaliste, c'était un peu plus compliqué, un peu moins simpliste. A si bien classer certaines valeurs, on perd son temps pourtant.

Cézanne, du terroir provençal garde finesse, style. Il est parfois de Venise. Courbet cependant le hante à certaine période de jeunesse picturale, Greco aussi. Mais ces influences, il les a subies passagèrement.

De son vivant, il n'est pas beaucoup mieux compris dans ce qu'il dit que dans ce qu'il peint, et demain, il lui arrivera peut-être, comme à Wagner, de porter ombrage à certains chantres des générations montantes, qui voudront se faire une place au soleil. Il se rebiffe parfois avec vigueur, et semble, ma foi, se rendre compte, picturalement parlant, de sa valeur, car il lance quelques galéjades provençales aux artistes en place très célébrés, d'ailleurs plus malicieuses que méchantes en général.

Qu'il balbutie d'émotion picturale ou s'affirme, ses contemporains au cœur pur ricanent et disent qu'il est atteint d'une maladie de la rétine ou qu'il peint comme un homme ivre, si bien qu'on pouvait acheter chez le père Tanguy, rue Clauzel, ses œuvres à des prix sans concurrence — fruits ou paysages. Le mot de J.-K. Huysmans : « Il peint de guingois », dans *Certains,* fit fortune, narquois bien à tort ; on l'adopta, on l'épousa au sens critique.

Manet, lui, vient des musées d'Espagne, mais dans ses pastels, comme en tant d'autres tentatives picturales, il garde pointe de parisianisme de bon aloi. Ceux qui lui ont succédé dans cette voie paraissent bien anecdotiers parfois. Lui reste beau peintre. Il a sens inné d'un modernisme sensible : voyez l'*Olympia* et le *Toréador mort,* qui le placent loin au-dessus de certaines productions contemporaines, reflétant une mode picturale passagère, — et même, si je l'ose dire, le placent aux antipodes.

Monsieur Degas se débat parfois entre un savant modernisme, avisé et sensible, et un regret classique. Est-elle jamais survenue la vague picturale qui l'enlève et le porte au large ?

Monsieur Degas reste grave, réfléchi, pensif sur la grève, il n'aime pas beaucoup les voyages. Il possédait un tableau de Gauguin qu'il me montra, mais il n'eût suivi l'artiste jusqu'à Tahiti que d'un regard amical, sans quitter la rue de Laval. Je le vois assez dans un de ces salons « bel esprit » du XVIIIᵉ siècle, où il aurait eu, dès son petit lever, une cour discrète et intime, attentive à lui relancer la balle, — mais qu'il eût blaguée le lendemain s'il avait imaginé une pointe aguichante.

Comme Renoir en tout autre sens, il regrette l'Ecole, mais il faut bien le dire, une Ecole forte, pensant qu'à soixante-dix ans certains peintres peuvent encore progresser, s'affirmer, — quoique d'autres puissent dire bien avant cinquante ans tout ce qu'ils ont à dire, s'ils ont acquis leurs moyens d'expression sans lésiner ni trop hésiter, et s'ils n'ont plus eu, ensuite, qu'à se dépouiller.

Monsieur Degas, d'un mot altier vous envoyait parfois promener. Moins ronchon que ferme et distant, mais au-dedans, sans le vouloir, par ses aïeux de Naples vif et passionné.

Pour moi, je le vis d'une dignité un peu mélancolique, gardant un quant-à-soi « grand bourgeois », si vous voulez, sans excès cependant.

Monsieur Degas, si je vous regarde un peu fixement, en me posant quelques questions sans les résoudre, ce n'est pas à votre égard curiosité d'enfant mal élevé, mais, certes, que vous m'intéressez en votre retraite. Cette pudeur, ces colères vis-à-vis du siècle bruyant, cette dignité aussi vis-à-vis d'un art que tant d'autres traitent un peu légèrement, je les aimais.

Tourné comme vous l'étiez, n'exposant plus au Salon, vous fuyiez le mépris ou l'incompréhension de tant de contemporains, même de ceux qui prétendaient vous plaire.

Vous aviez la paix. De quel prix ne paierait-on pas pareil bienfait ? Vous aviez la paix pour œuvrer. — Mais l'aviez-vous, en fait, autant qu'il paraît ?

Les pierres du chemin ne sont pas plus dures que certains hommes quand ils se butent et se tendent ambitieusement, et vous vouliez éviter les clans et les petites chapelles où l'on s'accorde génie ou talent à gratuité, sur l'instant.

Si votre vie fut grise et triste, au dire de témoins authentiques, certains indices leur échappèrent, et bien que vous n'aimiez pas les instantanés, vos contemporains sont arrivés à vous photographier, — mais ils ont oublié l'atmosphère.

L'Art vous sauvait, si votre temps vous navrait ; l'Art vous sauvait dans la mesure où il le fallait. Si votre scalpel fut parfois alerte et inexorable, de manière à nous donner de cette humanité une idée un peu triste et sèche, votre époque vous a marqué (en le disant, je songe par exemple à cette fille qui bâille en s'appuyant sur son fer à repasser, — document naturiste non sans saveur), vous a marqué, parfois, comme un forçat. Mais l'Art sauva le pavillon, — mieux que vos mots d'esprit, tirés parfois à blanc sur petits bécans parisiens. Coups d'épingle, de poignard, cela s'estompe bien dans le lointain, quoiqu'il ne me semble pas inutile ici d'en rappeler quelques-uns qui touchent à la peinture.

A propos d'un tableau du Salon officiel, *La Fuite de Galeswinthe* : « Elle fout le camp, parce que le fond du tableau n'est pas en valeur » — mot à rapprocher de celui que Forain fit sur un peintre espagnol trop prodigue : « Heureusement que ça se dégonfle ! »

D'un peintre solitaire nommé à l'Institut, il dira : « Cet ermite sait l'heure des trains. »

Des vulgarisateurs de l'impressionnisme : « Ils volent de nos propres ailes. »

Cet autre, qui lui ressemble : « On nous fusille, mais on fouille nos poches. »

D'un peintre d'académie qui se voulait à tout prix moderniste : « Un pompier qui prend feu. »

De certain manager quelque peu coriace : « C'est lui qui empoche, nous qu'on claque. »

D'un pointe-séchiste renommé, qui produisait avec abondance de longues figures de femmes élégantes évoluant sur des yachts : « C'est un Watteau... à vapeur. »

Sur les rapports des peintres et de certains intellectuels : « Les lettres expliquent les Arts sans les comprendre, les Arts comprennent les Lettres sans les expliquer. »

D'un peintre de la rive gauche qui peignait souvent des jeunes femmes de fantaisie dans des parcs : « Versailles-Montparnasse. »

Un jour que Degas m'avait longuement parlé, avec plaisir, de certains maîtres anciens, il conclut : « Nous peignons tous comme des cochons ! » (comparativement à eux), puis, scandant ses mots d'une voix de basse, prononça : « Il faudra redevenir esclaves. »

Et comme je lui rappelais ses mots durs à l'égard de Gustave Moreau, et lui disais l'attitude si différente de mon patron à son égard, il me répondit par ce mot digne de Forain : « Enfin... j'ai été à son enterrement. »

Tandis qu'il m'accompagnait jusqu'à la porte, j'entendais encore ce glas lancinant : « Il faudra redevenir esclaves », —

cependant que dans la rue Victor-Massé, camelots en pagaye, époumonnés, criaient : « Liberté — L'Humanité — L'Intran. »

Degas avait de beaux yeux, barbe et cheveux soyeux, profil de médaille antique, allure un peu rétive au début de la conversation, mais peu à peu il s'échauffait en boutades spirituelles, brèves, sans en abuser du reste ni laisser paraître trop d'amertume. Fonds naturiste fait d'observations patientes, amours de certains anciens, passion contenue et vigilante.

Il avait des propos coupés de pointes et de contrepointes sur l'art bien-aimé. Tenue à l'ancienne, loin cependant des excès, des manies qu'on lui attribuait à gratuité. Il ajustait ses lunettes un instant sur son nez pour mieux fixer l'interlocuteur, si ce n'est avec défiance, du moins d'une certaine hauteur vigilante, jamais neutre.

En éveil sur le social, agressif, combatif, excessif en ce sens, mais droit et honnête. On pensait parfois, en l'entendant, au mot de Dominique Ingres inscrit en lettres d'or rue Bonaparte, en la cour du Mûrier, sous son buste : « Dessin est probité. »

Degas rétrécit volontairement son champ d'expériences. Il insiste nerveusement, dans la fièvre contenue d'un beau dessin, savant sinon ingénu, s'arrête aux méplats des omoplates maigres et des fortes clavicules, aux genoux, aux pieds tordus, mais souples et vivants de ses danseuses, suit le contour des hanches, appuie parfois sur les ventres gras et ballonnés. J.-K. Huysmans, Coquiot, l'ont cependant trop vu s'y acharnant. Car il reste hanté par le souvenir d'Ingres[1]. Sans être écartelé entre deux tendances, il est cependant poursuivi, harcelé par une forme classique qu'il serre à travers

---

1. « Ne devenez pas à l'âge d'homme, disait Gustave Moreau à quelques novices, grands paralytiques, à moins d'avoir été desséchés par cruelle pratique. Ne vous croyez pas héritiers de la pointe du crayon d'Ingres, vous pourriez vous y piquer. Placez plutôt cet unique et précieux crayon sous l'antique globe de verre où la couronne de fleurs d'oranger, si bien imitées, de votre grand-mère, est un peu décolorée, mais si bien conservée. »

calque sur calque. Ce prétendu naturiste visait à amplifier son style : il reprend la forme en constants repentirs, inlassablement. Sa peinture n'a d'ailleurs pas toujours la fraîcheur d'accent, les riches et heureuses harmonies de quelques-uns de ses grands pastels poussés.

Sa religion pour Dominique, il l'impose à son temps[1]. Devant l'anarchie latente, la parodie de l'individualité, le mépris de la science picturale, la médiocrité réussie, il se retire aussi solitaire à Paris que Cézanne à Aix.

Il monte les rues tortueuses du Vieux Montmartre aboli, tel un nouvel Homère à moitié aveugle, frappant le sol de son bâton de pèlerin dévotieux à l'art.

Il cherche à montrer dans sa peinture la même liberté qu'en ses pastels, sans y réussir avec le même bonheur, si hanté par la perfection du métier des anciens qu'il ne peut consentir à couper l'attache qui retient son esquif au rivage classique, et à croiser au large à la recherche d'un nouveau monde pictural, — auquel d'ailleurs il ne croit pas avec grande conviction, car c'est en cet art traditionnel qu'il a mis sa foi. En quoi il n'avait peut-être pas tellement tort, sachant mieux que nous et que tous les critiques la mesure de ses moyens et l'étendue de son domaine particulier.

---

1. Degas aime vraiment Ingres. Il achète ses tableaux, les place chez lui à côté de ceux de Manet et de beaux dessins de Delacroix.

Ingres avait été mal compris, il me semble ; certaines de ses œuvres étaient assez fortes pour s'imposer d'elles-mêmes à son temps, mais on aimait, d'une part dans la fièvre romantique, d'autre part dans la froideur académique, une force plus commune.

Aujourd'hui, pour rétablir l'équilibre, on se montrerait facilement injuste envers Delacroix, qu'on juge théâtral et marquer trop son époque.

JEU PICTURAL

Artiste solitaire, si rien n'est nouveau sous le soleil, ne va pas te réclamer de cette pensée, de crainte de baisser trop vite les paupières devant tout ce qui vit sous le ciel. Aie toujours loisir de voir avec plaisir vivre la moindre bestiole.

Evite de donner leçon, ayant si souvent à redresser ton jugement assez précaire. Ne tourne pas le dos à ton temps, en hargne et dépit, et ne va pas toujours te défendre en polémiques bien inutiles, si tu n'es pas en communion constante avec tes contemporains, et même s'ils font de toi moins de cas que d'un caillou sur le chemin. Peut-être ont-ils raison, et fallait-il qu'il en soit ainsi pour ton bien spirituel, sinon pour ta réussite matérielle ?

Tant de conformistes chérissent la confusion qu'engendrent thèses prétendues empiriques ! Un facile éclectisme fait avaler parfois des choses un peu trop contraires.

Sous prétexte de liberté, que de simulacres, d'apparences trompeuses, quelle misérable parodie ! Et sous prétexte d'un ordre traditionnel, que de tristes « ersatz », au nom des maîtres du Passé !

Que de gens jusqu'à la fin des Temps, pleins d'eux-mêmes, trop sûrs de leur fait, feront table rase du Passé ! A vingt ans, certains d'entre eux brûleront le Louvre, en chantant allégrement : « Place aux jeunes ! » sans rien sélectionner, mais vers la cinquantaine, ayant pris du ventre, vers les académies du Beau fixe ils s'achemineront parfois, devenus tout à coup conformistes à l'idée d'être immortalisés, et mettront une sourdine à des prétentions intempestives sur le Passé, assagis, devenus gentils à croquer, une fois calés dans un beau fauteuil doré.

D'autres s'endormiront devant la perfection technique inimitable de certains Anciens, s'y enliseront de bonne foi sans les égaler, — eux qui auraient très bien pu, s'ils avaient vécu aujourd'hui, agir suivant des mobiles bien différents. La fiction d'une perfection technique admirable ne doit pas nous faire oublier la petite chanson discrète et intime, ni le rythme plus héroïque qui nous hante, même si c'est au détriment d'une technique qu'on a négligé de nous enseigner, au nom de mille autres choses peut-être moins dignes d'attention.

A d'autres encore, un regard du sévère et grave Dominique a révélé leur mission : c'est tout uniment de sauver l'art, — mission ingrate, calvaire où l'ingratitude des hommes et l'abandon de Dieu semblent à peu près certains. Mais qu'importent les sacrifices au prix du résultat espéré, qui est à proprement parler, sinon de reconstruire sur-le-champ les cathédrales, du moins de maîtriser, de tuer au besoin ce monstre d'*individualisme,* cause de tout le mal, et du même coup la race de ces chercheurs, gens de rien, désorbités et dévoyés, monstres d'orgueil qui prétendent ne pas se contenter du monde visible, mais « recréer un monde à leur image ».

Quand on a sous la main des formes toutes faites et des couleurs toutes prêtes, folie de se forger un outil ! disent en chœur les Hurluberlus, et ils accusent les individualistes de s'être réfugiés dans l'art, et comme l'acarus sarcopte de la gale, de tracer de hideux sillons dans les profondeurs.

Notre art est peut-être le plus fermé de tous, ou le moins défriché, — Terre vierge encore.

Je ne parle pas pour ceux qui déclarent qu'en peinture il n'y a plus rien à dire : Tout reste à dire par les nuances infinies de la sensibilité, dans le domaine de la forme et de la couleur.

Pourquoi l'œuvre d'art serait-elle toujours en accord, prolongement, harmonie avec le temps, le milieu et le méridien ? Pourquoi pas aussi en réaction parfois contre temps, milieu, méridien, et très individuelle confession ?

Elle est confession de plus en plus aujourd'hui, si j'ose dire, même chez ceux qui se supposent très habiles. L'accent les trahit, car, habiles jongleurs, l'accent est tout. Rembrandt peut reprendre des sujets traînés dans l'ornière des lieux communs, il les renouvelle. Vous direz : « Son génie propre est là. » Pour l'accent dont je parle, ne disons pas génie, mais épanouissement de tout ce qui est profondément sensible et longuement médité, loin des records de vitesse et de la peinture en série.

Rien n'avance de tout connaître, si un don primordial, original et vivant n'imprime à ce que l'artiste voit et aime, son sceau, sa griffe.

Certains lisent à satiété, mais tout n'est pas dans les livres ; il s'agit aussi d'assimiler, et non pas de succomber d'indigestion savante.

Si je chéris *L'Indifférent* de Watteau, et pour d'autres raisons *La Déposition de Croix* d'Avignon, ou encore ce solide petit pont de Corot près de certaine route d'ocre clair d'Ile-de-France, c'est bien pour en jouir un brin et non pas pour m'exprimer tellement sur ces œuvres en pointes et contre-pointes critiques.

« Nous faisons un art muet », dit le vieux Poussin. Mot d'une singulière éloquence. Il faudrait en cette langue picturale — forme, couleur, harmonie — nous enchaîner, et que nous perdions le fil de nos discours effrontés.

Des formes, des tons, — voilà ton lot. Il faut en jouer.

Un peintre qui aime son art doit donc éviter avec soin une fréquentation trop prolongée avec la gent critique et littéraire. Car ces messieurs, sans le vouloir probablement, déforment tout en croyant tout expliquer : pensée, volonté, sensibilité d'un artiste, et le tondent comme Dalila tondit Samson. Ils n'ont pas le don des nuances, mais l'horreur instinctive de tout ce qui les dépasse ou les déroute.

Un Degas, un Cézanne peuvent paraître très absolus dans leurs propos, ils deviennent muets auprès des gens qui glosent sur tout avec bonheur.

On ne cherchera pas non plus toujours à expliquer, commenter, illustrer certain art par la vie de l'artiste, car parfois les deux sont en harmonie, mais pas toujours. Un art épique ou légendaire surtout échappe à un exercice de « dissection » inintelligent, qui croit ne rien laisser dans l'ombre.

Ils parlent de réalité, tous ces matérialistes, mais ne travaillent-ils pas parfois sur un cadavre ou sur un mannequin, le sens de l'art et de la vie leur échappant si souvent ?

Mieux vaut un cul-de-basse-fosse ou un taudis que le plus bel atelier entouré de chefs-d'œuvre immortels, si on doit avoir sur le dos la ruée des docteurs de la Loi, des avocats et des augures à langue déliée.

Je ne crois en effet ni aux théories ni aux idées vagues et énormes qui se traînent dans un monde extraterrestre et qui n'ont en définitive ni vie ni forme viable. J'ai horreur en particulier de ce laisser-aller de la pensée et de l'action qui aboutit à cet idéalisme moite, poisseux et facile qui rend les angles mous et tout dessin inconsistant, qui arrange tout, explique tout. Par horreur de ce ramollissement, j'aime mieux alors le cynisme, le réalisme le plus bouffon ou le plus violent.

Pour moi, plus on a d'imagination, plus on chevauche la Chimère, plus il est nécessaire d'être réaliste ; de développer des dons d'observation assez rigoureux pour emmagasiner formes et harmonies que nous voyons tous les jours ; de nous exercer à les mieux connaître ; de jouer avec elles.

On s'enrichit, ensuite on se dépouille si cette grâce nous est accordée.

Notre rôle n'est pas de peser le poids lourd des théories et des doctrines. Un peintre doit peindre. Il a pour son œuvre un horizon stable et digne, classique, si j'ose dire.

Il lui est cependant permis, après son effort pictural, de soliloquer, d'ergoter

> Plus de mille et une nuits
> Sans être rendu à merci,

d'aller des problèmes les plus fous qu'il se pose aux solutions les plus extravagantes, de nous parler même des « fruits de son expérience » et des progrès qu'il pense avoir faits, nous savons bien que s'il est vraiment peintre, il se gardera de toujours suivre à la lettre, le pinceau en main, et même ne suivra pas du tout ses improvisations verbales, les théories ou les lois dont il nous fait part et qu'il échafaude souvent par jeu ou par besoin de se prouver à lui-même qu'il a un peu raison. Si sceptique qu'on soit, il faut tout de même ne pas abdiquer et croire un peu en soi, quitte à apprendre à ses dépens que la parole est vin capiteux, doux comme miel et traître en diable au réveil.

On ne joue pas de la synthèse, de l'universalité, du classicisme à volonté. Souvent, quelle faillite quand on cherche à réaliser ! Qu'ai-je donc pu dire ? Avais-je tellement besoin de m'expliquer ? Le mot de Corot, s'il est exact : « Je peins comme ça vient » est sage, et celui d'Ingres aussi : « Dessin est probité. »

Il faut *tout oublier,* dès que tu peins : père, mère, frères, sœurs, amis ou ennemis, œuvres anciennes ou modernes, et t'en donner à cœur joie, ô mon roi.

> Aime ton royaume, ô mon roi.
> Palais ou taudis
> Enfer ou Paradis
> Aime-le, c'est ton amour
> Qui transfigure tout
> Roi fou d'un domaine imaginaire.

C'est à la pointe d'une brosse qu'on doit vaincre.

Du reste, on est parfois très mauvais avocat de sa propre cause, ou du moins des idées que l'on défend. L'œuvre attendue de tous, qui porterait l'empreinte et le sceau de cette pénétration rare et mystérieuse que les Anciens n'ont pas prévue, son auteur serait-il capable, ayant atteint son but, de nous expliquer comment il y parvint ?

Les gens à idées préconçues et à doctrines pensent à tout, excepté à ce qui arrive : Un peintre naît, et tous leurs beaux plans sont par terre.

Nul n'est penseur ou visionnaire, philosophe ou poète à volonté. Tel a pu dire en se redressant : « Je suis la règle jusqu'à ce que je la brise » — en a-t-il tellement pouvoir ? Certaines œuvres de Van Eyck étaient signées ainsi : « Comme j'ai pu » — belle modestie. Etre fort, ce n'est pas sonner du cor à s'époumoner. Il est plus difficile de se bien connaître et de limiter son effort que d'acquérir des connaissances infinies.

Rien n'est *ancien*, rien n'est *nouveau* que le rayon de la grâce sous lequel un cœur d'homme bat. Façon de sentir, de comprendre, d'aimer ; façon de voir même pays, mêmes visages que ton père a vus, que ta mère a connus. Le reste est chimère.

Si je suis un beau paysan ayant l'amour de ma terre, à quoi me sert l'esprit de M. de Voltaire ?

Savoir, en art, cela n'est rien. Pour refaire l'effrayant crucifié de Mathias Grünewald, qui de ses mains convulsées, de ses pieds tordus, crispés, fait plier sa croix, pour renouveler le drame en un mot, encore faudrait-il avoir au cœur foi semblable à la sienne !

J'ai entendu Gustave Moreau dire en ce sens à un débutant

ahuri : « Non, mon ami, ce n'est pas Jésus que vous avez peint, mais un pâle voyou buvant aux noces de Cana. »

Ils font du bruit, certes, et prétendent faire tourner la terre, ou prévoir une renaissance, un âge d'or pour l'art, tant de flatteurs qui encouragent les fausses vocations, au nom d'une « générosité » qui leur coûte peu et qui n'est parfois qu'une adroite politique. Qu'il y aurait grande joie, au contraire, à faire une sélection, un choix ! Mais on serait tout de suite accusé de préférences, de parti pris ; on aime tellement mieux la confusion, le faux ordre ! C'est le temps qui fait la sélection, et alors que de déchets !

En art, évolution plus que progrès.

Après avoir vu, sous les colonnades de la Comédie-Française, la statue de Musset, à qui il reste d'avoir pleuré même sa muse, et plus loin, place du Carrousel, le monument de Gambetta au geste théâtral, vous pouvez maintenant descendre aux salles de sculpture du vieux Louvre, y admirer Assyriens et Egyptiens de jour et même à présent de nuit, et faire le point, sans trop de parti pris.

Où donc est-il, en art du moins, ce progrès dont on nous rebat les oreilles ? Il y a perfection de la technique : moyens nouveaux et plus riches, plus complexes, un clavier infini — et après ?

L'émotion de Rembrandt nous indique la route.

En ce sens, ce que vous nommez décadence ne l'est point. Entre deux périodes d'un art vulgaire et quelconque, tout à coup la fleur d'un art plus racé et plus fier s'épanouit.

Qu'on traite certains artistes de fous, d'originaux, ils ne s'occupent pas cependant de refaire le monde à leur idée et de travailler la matière humaine. Ils ne perdent qu'eux-mêmes ou se sauvent. Ils peuvent être perdus pour les jeux des hommes leurs contemporains, perdus pour la société ou le monde, perdus pour leur famille, et cependant sauvés. Le drame est circonscrit, qui les condamne à être honnis un temps, puis juchés sur le pavois, eux, qui sont portés en esprit vers leur art, faisant de leur mieux, silencieux. Ils n'entraînent pas dans leur sillage tout un peuple. Qu'ils souffrent mort et passion, qu'ils ne pensent pas exactement comme la majorité de leurs contemporains, en un mot qu'ils soient des « illuminés », il est possible, mais ils n'engagent qu'eux-mêmes. Ils ont choisi la meilleure part, ou la plus dure, ils trouvent peu de disciples dans le Présent et l'Avenir, ils ont payé leur tribut, — laissez-les dormir en paix.

Si Dominique Ingres dit : « Dessin est probité », et qu'en sens contraire Cézanne réponde : « Le contour me fuit », il n'en résulte aucun conflit armé, pas de bouleversement universel, nulle révision des frontières et des traités, mais pour quelques artistes révision de leurs moyens d'expression, œuvres relevées.

C'est aussi un défaut bien moderne que de décrier ceux qu'autrefois on nommait « les petits maîtres » et de ne vouloir regarder que les très grands. On se guinde, on se dessèche par là autant que par les théories, et l'on se tend comme corde à violon, surtout si l'on est fait soi-même pour pratiquer un art intime.

A convoiter certain art épique sans que les moyens techniques répondent à notre désir, on risque de prendre la proie pour l'ombre. Va-t-on demander à Watteau ce que Michel-Ange a de surcroît ? La grandeur est dans la conception, l'œil, le cœur, la main de l'artiste, non dans les dimensions géométriques de l'œuvre. Le génie ne consiste point tant à faire des choses de proportions gigantesques, mais avec peu une œuvre pie. Pour tenter de peindre avec bonheur une œuvre épique ou héroïque, faut-il avoir non seulement esprit et cœur assez haut placés, mais encore moyens de s'exprimer congrûment, en un style qui s'adapte parfaitement à la conception.

Chardin, Corot, parfois Cézanne, ont demeure secrète. Doux conquérants, leur confidence est discrète, leur mesure parfaite, la communion de leur cœur avec la Nature — sans heurts. Si on s'appelle Chardin, on est roi dans un quiet intérieur bourgeois, mais roi on l'est, cette royauté-là ne trompe pas. Elle ne vous sera pas disputée, vous n'abdiquerez jamais et vous laisserez un meilleur souvenir que tant de rois couronnés, voire d'empereurs, car on pourra comprendre votre œuvre et communier avec elle peut-être jusqu'à la fin des temps. La Force, pour de tels artistes, ne domine pas le monde, mais l'amour. Il y aurait beaucoup à dire sur ce sujet, si j'en étais capable, et d'exemples à citer.

Un mot de tendresse, vrai et sensible, donné à Michel-Ange vieux et aveugle, à Beethoven sourd, à Rembrandt ruiné, vaudra à jamais les pouvoirs fugitifs et les honneurs vantés du monde.

On croit rêver quand on lit l'épopée de ces maîtres incompris et malheureux. On se targue, si on les avait connus de leur vivant, de trouver le mot ou de faire l'acte qui eussent convenu pour leur faire oublier, ne fût-ce qu'un instant, tant de contretemps ou de disgrâce ; mais tout à coup on se sent bien sot, démuni et impuissant, sachant qu'il eût suffi à Michel-Ange aveugle de passer ses mains décharnées de bon ouvrier sur une de ses œuvres, ou à Beethoven d'entendre encore un instant, en vision relevée, une de ses symphonies préférées, pour oublier toute misère présente.

Heureux ceux dont l'effort le meilleur a été accompli, et non point interrompu avant d'être amené au point désirable.

Heureux les morts pour qui le combat ne fut pas celui de

Jacob avec l'Ange dans la nuit, mais qui, au matin, retrouvaient même paix que la veille pour œuvrer.

Heureux, bienheureux ceux qui n'ont pas été séparés de leur labeur pour des raisons étrangères à l'art et souvent misérables.

Que ne donnerait-on pas pour avoir peint telle ou telle œuvre célèbre ! Il est facile de se moquer, de sourire de ce désir, mais le pèlerin qui l'exprime n'obéit pas toujours à une idée baroque ou ambitieuse. Il pèse parfois son indignité picturale et ne saurait de quel prix la payer. Peut-être se voudrait-il à l'antipode de ce qu'il est ? L'Art sera toujours pour certains une vocation, non une heureuse carrière éventuellement lucrative ou un moyen de parvenir aux plus hauts rôles.

On commence par être un artisan, — on devient un artiste si on le peut. Mais ne vaut-il pas mieux être un bon artisan qu'un piètre artiste ? C'est là une des faces du problème moderne. On incite parfois, semble-t-il, des gens qui seraient de parfaits artisans, à créer une œuvre à tout prix originale, ou prétendue telle, — quoique, à la vérité, ils s'y efforcent plus souvent d'eux-mêmes.

Il existe une Tradition picturale vivante, admirable, non pas rétrécie et desséchée comme fleurs en herbier. Elle est un parfum persistant.

La Tradition n'est pas l'Ecole. Je ne fais aucune difficulté à reconnaître qu'elle pourrait l'être, mais définitivement, non pas ! le jeu de la vie et des forces cachées ne le permet pas.

Pléthore des conventions rebelles à toute vie créatrice ! Et même fortes conventions, les plus savantes, ne sont jamais que conventions.

Sous prétexte de bon goût, certains tordent le cou à toute vie.

Plus la vision est intérieure, plus il faut, à mon avis, s'appuyer sur la Nature.

Œuvre d'art est volontaire plus qu'on ne croit. Néanmoins, un monstre de volonté n'arrivera jamais, en art, exactement où il prétendait arriver.

Le patient artiste doit céder à une certaine paresse contemplative, fût-il accusé par quelque bourreau de travail d'oisiveté. Il acquiescera parfois à cette vérité première : Loin des records de vitesse des virtuoses, l'art demande et commande pour certains quelque détente.

D'ailleurs, en cette courte vie, si vraiment il fallait tout entendre et tout peser de ce qui s'agite dans le cerveau humain, soit les thèses les plus opposées, on y perdrait la raison ; c'est pourquoi retraite intérieure et loisirs sont aussi nécessaires qu'à d'autres heures un bienheureux labeur.

Les compliments, aussi bien que les sarcasmes ou le mépris, sont vin grisant, on va au-delà du but si l'on en retient la moindre parcelle.

Le dessin est un jet de l'esprit en éveil.

La couleur a le privilège d'effrayer de prétendus sages, parce qu'elle chavire leur forme légère et détraque un timide dessin.

Forme, couleur, harmonie, que d'abîmes en toutes ces frontières que supposent définitives à jamais des gens trop sûrs de leur fait ! Il n'est peut-être pas interdit cependant d'en franchir quelques-unes, quitte à voir qu'on s'est trompé de chemin, et sans abdiquer, à faire machine arrière ou à emprunter parfois tel sentier assez secret.

Ce qui sépare l'œuvre forte de l'œuvre honnête, c'est parfois un rien — en apparence — mais en réalité un « abîme », — façon sensible de toucher le clavier musicien ou de poser l'archet sur la corde du violon, façon d'aborder le sujet.

En principe, l'artiste doit disparaître derrière son œuvre. O artiste, elle doit se défendre seule. Fusses-tu l'homme le plus pratique de la Création, le sage et subtil Ulysse, et Pénélope veillât-elle sur ton ombre et la défendît-elle auprès des Prétendants importuns, il n'importe ! l'œuvre reste seule. Pèlerin, ce que tu as souffert sur le chemin en pénibles traverses, le Présent et plus encore l'Avenir n'en tiennent aucun compte.

La laideur n'est pas toujours ce que supposent tant de bons apôtres du Beau fixe, mais la répétition à cent mille exemplaires d'une médiocrité réussie.

Ni la gloire ce qu'ils entendent, mais la communion, peut-être quelques siècles après la mort de l'artiste, de deux ou trois esprits, — cependant que le troupeau va répétant le nom célèbre.

Eurydice ! Eurydice !

s'écrie Orphée plaintif, voyant s'évanouir la forme fugitive, la forme bien-aimée.

Tant de pauvres hères d'artistes, dans le Présent, l'Avenir pourront élever même soupir vers la vision bienheureuse qu'ils ont entrevue ou cru entrevoir !

Miserere !

Le rêve est dangereux, le sommeil parfois mortel, mais l'effort amoureux et constant, à mon sens jamais aussi vain qu'il paraît aux gens d'action, qui considèrent que se croiser les bras ou fermer un instant les paupières pour voir s'or-

chestrer quelque composition légendaire, c'est là du temps
perdu.

Aimez ce qui ne se voit ni ne se pèse. Alors vous pourrez,
sur un ciel d'outremer antique, voir encore voler l'oiseau bleu,
en un savant et délicieux accord.

Réflexions et souvenirs

NOLI ME TANGERE [1]

Cézanne

Ce texte, publié en 1910 au Mercure de France et que je suis heureux de donner ici [2] en hommage à Cézanne fut parfois mal interprété : certains critiques s'imaginèrent, après une lecture hâtive, que j'avais connu Cézanne et que je rapportais les paroles qu'il m'avait adressées. Il n'en est rien. Nous ne nous sommes jamais rencontrés.

Le lion enchaîné rugit vers son désert, l'aigle captif garde dans les yeux le reflet du ciel où il a plané seul et libre ; tel l'homme aspire sur cette terre d'exil à l'Eternité.

Plus il est homme et plus son génie est fait de désespoir et d'espérance, de révolte et d'acceptation, de douleur et de joie, de mélancolie et de sérénité, de sainte fureur ou d'amour. C'est un cri unique, immense, sanglot ou rire formidable qui pourrait absorber et résumer en lui les mélancolies ou les joies de plusieurs siècles. J'ai voulu écrire aujourd'hui les lamentations ou les litanies d'un artiste qui a entrevu au milieu des

---

1. L'on pourra, avec un grand semblant de raison, critiquer le choix que j'ai fait de cette expression, consacrée par les textes saints. Le fond de ma pensée, cependant est infiniment respectueux, je crois avoir assez montré dans ces pages la touchante misère humaine des chercheurs d'absolus et l'imperfection de nos pauvres moyens de réalisation pour ne pas laisser supposer un instant que je veuille diviniser Cézanne.
2. Dans *Les Créateurs et le Sacré*, en 1956. Cf. Références, en fin de volume. (*N. d. l'E.*)

théories décevantes et de l'anarchie latente une Terre promise
où il a pu travailler avec simplicité et amour.

« Ne m'approche pas, ne me touche pas [1] : je porte en moi
toute la beauté que le monde ignore ou qu'il méconnaît.

« Ne m'approche pas, ne me parle pas : les paroles et les
gestes sont vains ; je suis silencieux, vieux et impuissant, tous
mes efforts ont tendu vers la Vérité et la Beauté ; pour cela
essentiellement j'ai été forcé de vivre loin des hommes, il m'a
fallu méditer, souffrir pour réaliser ce que je devais faire ici-
bas.

« Ne m'approche pas : je suis le lépreux qui fuit les hommes
et que les hommes fuient ; loin d'eux j'ai connu la joie d'un
effort total vers l'absolu de mon âme. C'est peu. Mon art était
un moyen, non une fin ; je me suis rejeté sur lui comme le lion
sur sa proie et je n'ai jamais été pleinement heureux ; j'eusse
vécu plusieurs siècles qu'il en eût été ainsi. Quelques rares
artistes ont jugé mon œuvre belle et profonde ; je ne les ai pas
connus, j'ai vécu avec les Morts, avec les grands morts, ceux
qui ont laissé transparaître une petite flamme d'éternité dans
leur œuvre. J'ai communié avec eux et avec la Nature ; ça a été
là ma vraie joie ; mais l'idéal qui m'emplissait le cœur était si
haut que la copie la meilleure de ce que j'avais sous les yeux et
que je me suis épuisé à réaliser imparfaitement n'était qu'un
reflet fugitif : tel un beau visage transparaît dans une onde
claire qu'un léger souffle peut troubler et faire disparaître à
l'instant.

« Ne m'approche pas : je suis mourant. Que peut-il pour
ceux qui restent, celui qui a accompli... et qui s'en va, sinon
faire ce que j'ai essayé de réaliser : laisser le meilleur de lui-
même ?

« Ne m'approche pas : je ne puis rien t'apprendre ; ma vie
fut cachée, mais lumineuse et pure, modeste et grave et

---

1. « Il balbutiait : " Personne ne me touchera... jamais, jamais. " J'avais beau
lui représenter que mon acte avait été cordial et respectueux, que je voulais
éviter qu'il tombât. Il sacra et remonta dans son atelier en cognant si rudement la
porte que la maison trembla jusqu'à sa base... » (Emile Bernard, *Souvenirs sur
Paul Cézanne*, Mercure de France, 16 octobre 1907.)

recueillie ; mon art en a été l'expression la plus absolue, la plus discrète. Cherche dans mon œuvre imparfaite ce que tu demandes inutilement à l'homme vieux, infirme et souffrant.

« Ne m'approche pas : si tu le veux, si tu le peux, fais bien ta besogne à ton tour, loin des hommes ou au milieu d'eux, mais sans trop croire à leurs enseignements, à leurs consécrations, car, si tu vivais deux ou trois existences consécutives, tu les verrais inlassablement occupés à brûler ce qu'ils ont adoré et à adorer ce qu'ils brûlèrent. Cependant sois plein de miséricorde envers eux, car tu es faible aussi, et peut-être après m'avoir admiré sincèrement me renieras-tu demain ! Qui peut sans orgueil répondre absolument et pour toujours de lui-même ?

« Ne crois pas que notre très haut et très noble art s'enseigne aux écoles, aux académies : ce que tu sauras là sera formé dès que tu pourras observer avec amour les formes et les couleurs. Crois encore moins aux pontifes qui vivent les erreurs qu'ils enseignent qu'à ces erreurs ; elles ne sont quelquefois qu'une ancienne vérité déformée qui apparaîtrait magnifique si on enlevait les scories qui la recouvrent et qui la cachent.

« Crois encore moins à ceux qui après ma mort parleront en mon nom ou se disputeront sur mon malheureux cadavre qu'à la plus mauvaise et à la plus imparfaite de mes œuvres. Il y aura toujours après la bataille, et à la nuit propice, des chacals et des hyènes qui rôderont.

« Si l'on organise mon triomphe, n'y crois pas ; s'ils essaient, en mon nom de créer une école, dis-leur qu'ils n'ont jamais compris, jamais aimé ce que j'ai fait.

« Il faudrait vivre exclusivement pour le culte intérieur d'une beauté cachée et mystérieuse que nous avons en nous-mêmes et surtout ne pas tresser des couronnes à un vaincu [1] en

---

1. Cézanne est un vaincu par rapport aux parasites triomphants de l'heure qui passe. Quelle œuvre, quelle idée nouvelle et belle ont apportée ceux-ci ?... Plus nombreux chaque jour, ils profitent apparemment, par les consécrations, les titres, les récompenses, du labeur obstiné, de l'effort très pur de ceux qui, vivant pour une idée, la réalisent dans l'isolement ou la pauvreté. L'on peut dire cependant de ces derniers qu'ils ont encore beaucoup à donner, et des parasites qu'ils ont usurpé leur salaire ; mais aucune force humaine (et c'est là une belle

se retranchant derrière son effort pour profiter d'un bien inaliénable.

« Ne m'approche pas, ne me touche pas ; je veux mourir en paix loin du bruit, et du mensonge de la vie. Mon art, si modeste et si humble soit-il, ne m'a pas déçu dans le fond de mon effort ; j'ai pu, loin des théories décevantes, retrouver à certaines heures un coin du Paradis perdu. *Noli me tangere...* »

---

compensation) ne peut empêcher une pensée de naître et de s'épanouir, une belle œuvre d'art d'être aimée, comprise des hommes, celui qui eut cette pensée, ou qui fit cette œuvre eût-il le monde entier contre lui pendant un instant.

INGRES RESSUSCITÉ

En disant « le dessin est la probité de l'Art », Ingres voulait dire certain dessin où il excellait.

Aussi lorsque Picot et Bouguereau ont répété « le dessin est la probité de l'Art », Ingres est devenu soucieux. A l'école des Beaux-Arts, en voyant les travaux de ceux appelés les « forts d'Ecole », il se refuse opiniâtrement à les reconnaître comme tels. Il sait qu'un vieux gardien chevronné pourra dire sans conviction devant le monument élevé à sa mémoire : « C'était le plus fort... autrefois ! » parce que dans la vie comme au collège, il faut *un plus fort,* mais que les forts comme lui sont méconnus pendant un siècle au moins.

Bourgeois, très fier et original, un peu pédant d'allure, Ingres ne se souciait pas de la critique, comptant sur ses œuvres pour prendre place dans le temps.

Et voilà qu'il ressuscite, chef des mécréants.

Car *l'anarchie latente,* résultante des théories individualistes exaspérées, a ramené, par un choc en retour, bien des esprits, bons ou mauvais, vers un besoin d'ordre.

En art, ils croient avoir trouvé le maître qui leur convient.

Mais, mécontent, Ingres n'accepte pas le commandement de tels troupiers.

Prestigieux calligraphe à l'écriture sereine et pure, il possède le sens très précis et raffiné d'une magnifique volupté de la forme et tient à garder une attitude représentative réservée et même renfrognée. Il me fait penser, dans un autre ordre d'idées, à certaines gens du monde dont la conversation polie mais banale en diable, paralyse tout élan intérieur chez leur partenaire et le tiennent à une distance de mille coudées.

Ingres, pour des raisons que je vais essayer de dire, nous tient en respect.

Voyez ce visage grave, ne dit-il pas toute une profession de foi en face de l'abandon et de la verve romantique ? Le vieux maître tient à cette attitude ; dans tous ses portraits il se raidit dans une pose un peu théâtrale, montrant toutes ses croix, fier de ces distinctions qu'il ne dut certainement pas au concours pressant de la politique comme tant de bâtards artistes de maintenant.

Il semble jouir de son bon sens et de la droiture, mais reste en même temps, aussi tendu que *la corde de son violon*.

Si nous rêvons parfois pour l'artiste puissant et fort, d'une bonhomie géniale et charmeuse, il ne sied point de la demander à ce singulier homme, qui paraît heureux de se sentir gêné aux entournures de son habit. On se croit en présence d'un grave et sévère fonctionnaire, loin de toute sensiblerie extérieure.

Il est sensible, pourtant, mais plein de réserve ; il se garde, ne se donne pas aux passants ; il est bien l'homme de son œuvre impeccable.

Est-ce pure imagination de ma part ? Je crois que ces lèvres closes, cousues même, dissimulent une pudeur qui m'enchante chez cet artiste cependant si « sûr de son fait » comme l'a fort bien dit André Suarès [1].

Quels que soient les documents et les bavardages des critiques qui croient porter un monde en gestation s'ils compilent les petites anecdotes de la vie des grands méconnus, l'art d'Ingres me semble, avant tout, la protestation hautaine et fière d'un esprit sérieux contre le sans-culottisme de ces bourgeois en mal de libéralisme qui pullulent chez les artistes.

Ingres ne veut pas de cette liberté qui permet l'étalage et la glorification de l'ignorance et de la médiocrité. Aussi ne perd-

---

1. « La Grande Revue », 25 juin 1911.

il pas une occasion de trouver dans le Passé des *lois* et des *disciplines* ; il les assimile souvent magnifiquement pour un but précis, avec des vues très complètes de la nature. Il lui importe peu de nous ennuyer et de s'ennuyer (bien que je le soupçonne d'avoir eu des jouissances immenses), mais il pense d'une volonté unique et maîtresse à contenir les battements de son cœur, à dominer sa sensibilité ; il rend sympathique le rhétoricien qu'il est, ce rhétoricien d'Ingres dont on a tant proclamé la froideur à une certaine époque où l'on eût traité de suspect l'artiste qui eût osé reconnaître en lui un grand maître français.

Certes, il n'attire pas par un talent facile et une virtuosité étonnant le plus grand nombre, mais [il jouit] de la sérieuse sympathie des esprits absolus allant jusqu'au bout de leur conception au milieu de l'hostilité et de l'indifférence des hommes.

Son dessin est parfois le beau jet d'un esprit en éveil devant la nature et le contraire d'un dessin d'école, mais c'est le plus souvent l'analyse rigoureuse et l'observation d'une forme un peu préconçue dans laquelle la nature semble emprisonnée dans la camisole de force que lui a donnée ce dominateur.

On le rabaisse toujours en parlant de sa probité ; il va au-delà quoi qu'on en dise, surtout n'ayant pas à porter la trop pesante gloire des vrais officiels. Il y échappe, ne répétant pas une formule conventionnelle, et trouvant, à plus de quatre-vingts ans, les belles cadences, les rythmes harmonieux, les proportions délicates et nobles, dans la splendeur de la forme [1].

Il est seul à posséder de pareils soucis d'ordonnance et de tenue, il va droit au but, et ce Français volontaire et tendu fait penser à un Persan d'harmonie grise, un peu froide, pénible parfois, mais lumineuse, d'une science sensible, d'une technique soignée et précise.

Pas à pas, il suit une forme qui a pour lui des secrets adorables, des nuances savantes et complexes ou pures et

1. *Le Bain turc.*

naïves, que la volonté impérative de ce maniaque de génie sait fort bien noter amoureusement et réaliser avec maîtrise.

Devant les débauches et les folies de la couleur, nous comprenons mieux ce style tendre et probe.

Ingres, parfois, s'appuie sur certains Italiens [1] qu'il admire et alors, il devient trop froid, malgré la sincérité et la science de l'exécution.

Il a fallu un siècle de médiocratisation de la forme et de la couleur manifestée de plus en plus chaque année dans les panoramas et les cinématographes des Salons pour que certains grands pontifes de l'art officiel puissent croire que la résurrection d'un tel homme ramènerait peut-être aux formules d'un art d'école. Mais à l'inverse de ce qui se fût produit si l'enseignement était encore un peu fort, il a été facile de voir qu'Ingres, dont on aurait voulu faire « l'Imperator de la peinture française », était d'un voisinage dangereux et écrasant si l'on tentait, en le glorifiant, de ressusciter un art conventionnel. Ingres peut ressusciter, l'Ecole meurt.

1. *La Vierge à l'hostie.*

SUR LE MÉTIER DE PEINDRE

Réponse à une enquête

Bien des artistes ont la douce et inoffensive prétention de croire à la survie de leurs œuvres, et nos chers maîtres « n'ont plus le temps » d'employer les patients moyens des artisans d'autrefois ; quelle joie d'ailleurs que certaines peintures disparaissent ! Si tout le monde peignait sur de bonnes toiles, employait de bonnes couleurs et connaissait tous les secrets du métier... du saint métier de l'art... ! Quelle douleur pour les yeux et bien souvent pour l'esprit de nos successeurs ! Malheureusement aussi, des œuvres délicieuses disparaîtront.

Cette éclatante fraîcheur, un peu trop artificielle, et qui a été trop facilement trouvée avec des couleurs dont on ne connaissait pas assez la composition, s'éteindra : ce qui faisait le charme presque *exclusif* de certaines œuvres, sera un déjeuner de soleil...

Mais huile ou colle, etc., il n'y a aucun procédé qui soit vraiment durable, si la manipulation en est mauvaise ou maladroite. Le vieux bitume romantique, qui ne fait plus de mal à personne, est à proscrire, mais aussi tant d'autres couleurs modernes d'un éclat magnifique, dont on ne parle pas.

Les vernis de mauvaise qualité, ou trop gras ou trop épais sont nuisibles, et que de risques pour la peinture, pour enlever ces vieux vernis !... Mais il faut avouer qu'un vernis léger et souple remplace très avantageusement une glace.

La désagrégation par l'air, les poussières, les différents

modes de chauffage, font que l'on cherche à interposer, entre la peinture et ces agents de destruction, un moyen de protection efficace. L'idéal serait de ne pas employer de vernis, que la peinture soit comme une fresque solide, d'un beau mat, profond, puissant et très coloré si c'est nécessaire.

En terminant, je tiens cependant à dire que l'admirable métier de certains Flamands primitifs ou de Hollandais d'une technique magnifique ne correspond et ne répond pas à tout.

Evidemment, personne, au point de vue métier, n'est de force à lutter avec eux. Et, quand, à ce propos, Degas me dit : « Nous peignons tous comme des cochons », je n'y contredis point en ce qui me concerne. Cézanne avait cette ambition de faire de l'impressionnisme ou, plus exactement, de son effort, un art durable comme l'art des musées ; c'est dans cette voie qu'il faut aller à mon humble avis, sans pour cela refaire du Cézanne !... Je ne puis m'empêcher de penser que ni l'un ni l'autre de ces deux solitaires qui ont aimé passionnément leur métier, n'ont été rabaissés par les consécrations du monde, pas même un petit bout de ruban rouge... C'est admirable, vraiment, dans un temps où « l'amour de l'art » n'est qu'un prétexte bien souvent à se pousser en avant... quand bien des peinturiers ratés et d'obscurs comparses jouent du chevalier au commandeur, des grands-croix ou du prince... pour racheter probablement l'absence ou le vide de leur création picturale...

TOQUE NOIRE, ROBE ROUGE

— La grandeur humaine est la négation de ce que les hommes disent généralement grand et admirable. Mais cependant une vérité cachée au fond d'eux-mêmes leur fait parfois pressentir la vraie beauté et la vraie grandeur.

— Les sujets les plus nobles sont rabaissés par un esprit bas, mais les réalités modestes et simples peuvent être surélevées et magnifiées. Un art dit inférieur peut trouver tout à coup son rédempteur.

— Le langage des formes et des couleurs demande à être sérieusement appris, il y faut toute une vie d'amour et de surcroît des dons véritables. L'on y passe sa vie à déchiffrer imparfaitement, avec un esprit d'humilité et d'amour, la Nature et l'Humanité. Comment dire cela aux jeunes rois fainéants de l'art ? A peine nés ils nous convient à proclamer leur génie transcendant qui dans deux ou trois mois sera agonisant déjà.

— Quand l'Art était pour moi la Terre promise si lointaine (il l'est toujours jusqu'à la mort), Forain a éveillé chez l'enfant que j'étais alors, avec un blanc et un noir, une lueur, l'intuition intérieure d'une chose rare... qui me faisait, après les besognes des dessins bien faits du cours du soir, me rattacher à l'espérance. Si j'étais joyeux, c'est que je sentais un écho infini en moi par une phrase entendue, un mot, un geste, l'attitude d'un passant ; je n'avais pas les moyens de le dire, j'étais ignorant, mais j'avais un instinct secret qui me faisait sentir qu'il y avait là une source vive...

— *Penser,* pour un peintre, ne serait-ce pas avoir une vision *sensible et créatrice* de la forme et de la couleur, et la faculté de s'exprimer avec plus ou moins de bonheur picturalement ? Expliquer l'art c'est un peu sot. Trouver des *directives,* comme on dit, en se croyant indispensable commentateur des anciens et des modernes, c'est bien vain. Ingres, Degas, Renoir, Cézanne, se suffisent ; ils ont dit à leur manière, et le plus complètement possible, ce qu'ils avaient à dire ; maintenant vous pouvez instruire leur procès et essayer de défendre votre *propre cause* en les attaquant ou en les glorifiant. Il n'est pas nécessaire en art d'avoir des juges et celui-ci condamne d'ailleurs qui devrait être jugé lui-même si souvent.

— Toque noire, robe rouge font de belles taches de couleur, c'est tout ce qu'il faut et ici le bon juge n'a qu'à s'en aller coucher.

— L'œuvre d'art est une confession autrement touchante qu'on ne saura jamais dire.

Le moindre trait ou frottis nous instruit plus que tant d'indigestes bouquins : cela d'ailleurs ne veut pas dire qu'une hiérarchie et un ordre intérieur n'existent pas.

SOUVENIRS INTIMES

Gustave Moreau

Je parlerai en peintre, s'il est possible. Une vie silencieuse de joie et de misère picturale ouvre un peu l'entendement. Je parlerai ici comme autrefois avec Gustave Moreau, m'excusant si je dois pour mieux me faire comprendre parler trop souvent de moi.

Je revois l'homme, son calot sur la tête, vêtu de son tricot « lainage peuple », comme il disait. Il va de son pas pressé et diligent et je l'entends dire à des élèves guindés ou timides, réticents ou un peu sauvages, tel j'étais : « Ne me respectez pas tant, aimez-moi un peu. »

Il fut pour la plupart d'entre nous un animateur plein de sens et de mesure, capable d'oublier ses préférences devant une œuvre qui était aux antipodes de son inclination foncière. Je l'ai vu devant une esquisse de débutant, mise à côté de sa *Sémélé* qu'il avait passé trois ans à peindre, émettre sur son effort personnel des réserves sévères (et à mon avis injustifiées). « En art, disait-il souvent, les grades ne comptent pas ou si peu, un pauvre bougre dont personne ne parle en ce moment œuvre peut-être avec profit pictural pour ceux qui suivront, tandis que d'autres se supposent un droit à l'immortalité, dont on ne parlera plus demain. Pour moi, j'ai eu ma récompense en mon effort même, mais si ce que j'ai fait ne vaut rien, mes œuvres iront comme feuilles mortes au vent d'automne, quoi qu'on dise ou puisse faire. »

« Si je laisse deux ou trois bons peintres, ajoutait-il, voire un seul, je m'estimerai encore heureux. » « C'est peut-être celui-là qui m'éreinterait le plus qui me ferait le mieux comprendre », ajoutait-il encore.

Il cherchait à éveiller notre goût, à le former par l'étude soutenue des anciens et de la nature, sans rigorisme ni puritanisme.

A l'Ecole il arrivait le premier et partait le dernier. On pouvait le rencontrer parfois dans la cour du Mûrier ou dans quelque coin, croquant sur son petit album quelque antique. Quand il partait, les novices s'accrochaient aux basques de sa redingote en s'écriant : « Monsieur Moreau, corrigez-nous. » Il était plus jeune d'esprit que beaucoup d'entre nous. Je me le rappelle certain jour, s'arrêtant devant le modèle, et nous confiant : « Que cette chair est admirable sur ce fond gris, quel plaisir j'aurais encore à peindre avec vous. On croit savoir, on voit qu'on ne sait rien du tout. »

Lui que certains, de son vivant, ont représenté en triomphateur aux côtés de Meissonier ou de Bonnat, était âprement et sourdement combattu aussi bien à l'Ecole qu'ailleurs — et surtout depuis qu'il enseignait. Ce qui irritait en lui, je crois bien, c'était ce sens spirituel qu'il opposait au naturalisme et aussi à certain conformisme officiel. Voici une note de lui : « Croyez-vous en Dieu ? — Je ne crois qu'en lui seul, je ne crois ni à ce que je touche, ni à ce que je vois et uniquement à ce que je sens ; mon cerveau, ma raison me semblent éphémères et d'une réalité douteuse. Mon sentiment intérieur seul me paraît éternel et incontestablement certain. »

Je l'entends me conseiller. Quels ménagements il avait, quel respect délicat de la vie et des nuances. « Je vous souhaite un succès tardif, disait-il, et que vous ne subissiez aucune influence déprimante. De mon temps la croix de chevalier de la Légion d'honneur était la récompense d'une vie d'efforts persévérants et longs : à la soixantaine on était heureux d'avoir cette consécration qu'on ne méprisait point et qu'on obtenait difficilement. Un artiste qui a son petit hôtel à trente ans, une aimable coterie autour de lui le flattant outrageusement est souvent foutu pour un certain art. »

Lui-même eût été plus célébré s'il eût paisiblement continué à faire des répliques ou des variantes de son *Œdipe et le Sphinx* ou d'autres tableaux à succès, qu'il avait peints autrefois.

Il m'assurait qu'il aurait donné une grande partie de sa fortune pour pouvoir pénétrer dans l'atelier de tel peintre ancien. En notre métier, il n'y a pas que cuisine ou virtuosité, mais une suite de tradition ouvrière admirable, toujours bonne à connaître, même si elle ne s'applique pas directement à nos moyens d'expression ni aux sujets traités par nous.

Il s'intéressait à tout, avide de sympathie agissante auprès des plus humbles. « Gare à vos yeux, conseillait-il, mettez toujours la lampe derrière vous, ne travaillez pas entre chien et loup, etc. »

Un jour, il me dit : « Pour certains d'entre vous, il faut que soit bien fort cet amour de leur art car ils traversent le désert sans vivres ni bagages. Je tremble particulièrement pour ceux-là qui comme vous ne peuvent que souligner mieux leur vision particulière. Je vous vois de plus en plus isolé et solitaire. Vous aimez un art grave et sobre, religieux dans son essence et tout ce que vous ferez sera marqué de ce sceau. Je souhaite que les amateurs et les marchands soient assez intelligents pour ne pas vous demander autre chose. »

« Ne vous laissez pas prendre et porter au courant du succès des modes passagères d'où qu'elles viennent. » Et il allait encore plus loin : « Envoyez-moi promener, moi le premier, si vous le jugez bon. » C'était là une raison pour s'attacher à lui. Il croyait peu aux récompenses, mais il cherchait à nous réconforter et soutenir dans nos efforts : il nous savait la plupart sans fortune et espérait cependant que notre talent naissant serait par la suite reconnu.

Il nous défendait courageusement dans les concours. Cependant parfois il se lassait : « Allons ; que faites-vous dans cette galère, me confiait-il, travaillez chez vous et pour votre compte. »

Il refusa son portrait pour la galerie Borghèse, à l'idée de se trouver placé à côté des maîtres qu'il vénérait. Il nous apprit cependant à ne pas nous mettre des œillères devant eux, sans pour cela vouloir à toute force être leur héritier présomptif.

Précisément à l'époque où Cézanne parle de refaire le Poussin sur nature, Gustave Moreau, dans les salles du Lorrain et du Poussin, le dimanche matin, devant le *Débarquement de Cléopâtre,* me montre la science de la composition, les dégradations subtiles de l'atmosphère. J'avoue à ma honte que je ne partage pas son enthousiasme de façon absolue. Je suis plein de respect et je me tais. Je trouve tous ces couchers de soleil très forts mais un peu identiques. Je suis peut-être plus sensible à certains Corot d'Italie, et je préfère Watteau à Boucher même dans une toile grande comme la main.

« La Gloire, me disait Gustave Moreau dans cette salle déserte où nous marchions, c'est peut-être au-delà du temps, quelques âmes qui communient avec vous. » D'autres vont répétant un nom célèbre.

Il disait à propos de certains Poussin : « On peut très bien ne pas s'inspirer toujours aux sources les plus pures et les écoles de décadence sont riches en leçons profitables, plus peut-être que certaines œuvres sublimes. Poussin s'appuya sur les Bolonais, les Carrache, mais il sut aller au-delà et se souvint qu'il était né aux Andelys, bien qu'ayant vécu à Rome où il mourut. »

Gustave Moreau nous faisait aimer les beaux Titien, l'épanouissement du *Concert champêtre* du Giorgione pour lequel il avait un faible, mais il était aussi sensible au caractère de certaines fresques primitives bien que ses recherches le portassent ailleurs. Il allait aux Indépendants, à l'époque héroïque. Il aurait été à l'autre bout de Paris si je lui avais signalé une œuvre intéressante.

Il me parla souvent de ses deux voyages en Italie et toujours avec la même émotion contenue, de ses rapports à ce moment-là avec Delaunay et Degas.

Il me faisait penser à ces Français du dix-septième siècle ou du dix-huitième siècle à la curiosité d'esprit jamais lassée, pas assez vains pour avoir dévotion unique de la Déesse Raison, mais soucieux du vieux fonds humain, fût-il religieux, voire superstitieux, car l'homme près de la nature et à son contact développe ou épanouit certaines qualités qui végètent ou meurent en grandes villes capitales.

Goûtant peu le scepticisme d'Anatole France qui était alors de mode, il nous poussait selon la mesure de nos dons à un art mâle. Fréquemment il m'entretint des Solitaires de Port-Royal, de Nicole, de Racine et de Pascal.

Il avait un doux rayonnement intellectuel. Mais quand Degas disait ironiquement : « Gustave Moreau sait tout », il se trompait. Gustave Moreau n'était pas plus dupe de ses connaissances livresques que d'une sensiblerie facile. A son lit de mort, il dit à son ami Henri Rupp : « Pas d'adieux de Fontainebleau. » Il mit ordre à ses affaires, puis monta en se traînant à son atelier, travailla jusqu'à la fin, refusant ce qui pouvait alléger ses souffrances, stupéfiants ou drogues. Il protestait : « Je respecte trop mon cerveau pour m'abrutir dans une demi-inconscience. » Ainsi n'étant plus que l'ombre de lui-même, car il ne pouvait plus rien assimiler, gardait-il encore cette santé cérébrale et cet attrait pour tout ce qui était vivant, primesautier, tendre, touchant, passionné ou ardent.

Quand en réponse à Ambroise Vollard, déclarant : « Gustave Moreau passe pour un bon professeur », Cézanne brise son verre et proclame qu'il n'y a pas de « bons professeurs », que ce sont tous des jean-foutre, il faudrait s'entendre. L'éminente qualité de Gustave Moreau c'est qu'il n'était justement pas un professeur au sens habituel du mot mais un émule bienfaisant et comme je l'ai dit, un animateur.

Aussi, cher Maître, je vous donne raison au-delà de toute raison. Vous étiez du nombre d'hommes tout à fait dépouillés d'intérêt et d'un esprit si libre qu'il ne pouvait y avoir que joie et profit spirituel à vous mieux connaître et à vous aimer.

Léon Bloy

Je l'ai connu il y a bien longtemps. Il était encore à Lagny. C'est là qu'il écrivit *Quatre ans de captivité à Cochons-sur-Marne.*

Reportez-vous à l'époque et voyez un homme vêtu, comme un ouvrier charpentier, d'un complet de velours à côtes qui coûtait deux louis ou à peu près, portant de gros souliers, et parfois le bâton du pèlerin où s'appuyait sa forte main.

Je revois sa mèche blanche sur le front et ses gros yeux qui devenaient si facilement menaçants, si facilement miséricordieux.

Je venais de lire ces deux livres importants que sont *La Femme pauvre* et *Le Désespéré.*

Léon Bloy était alors fâché avec l'auteur d'*En route,* mais après une longue amitié. Je dois dire à la décharge de Bloy que, le jour où je lui parlai du zona ophtalmique dont souffrait Huysmans condamné à rester paupières cousues dans une chambre à volets clos, quand je lui citai la parole par laquelle cet homme[1] (qui, de son propre aveu avait « tant joui par les yeux ») exprimait sa résignation, je vis un Bloy transfiguré, le Marche-noir des bons jours. Il me fixait en répétant : « Il vous a dit cela... il vous a dit cela... », sans rien pouvoir ajouter, tant il était heureux.

Je le connus donc à force de parler autour de moi des belles pages qu'il avait consacrées au Moyen Age.

Devant mon enthousiasme un de mes amis, Auguste Marguillier, me dit : « Enfin... voulez-vous le connaître ? Il viendra ici tel jour. Venez[2]. »

Je pus constater la bonhomie de Léon Bloy. Il en montrait quand on le connaissait bien. Il était un Bloy bon enfant qui lisait aux siens des histoires de Mark Twain.

---

1. « Il en est qui sont dans l'état où je suis, avait dit Huysmans, et qui n'ont même pas les soins que j'ai la chance d'avoir. »
2. Ceci se passait en mars 1904.

Il avait un faible pour les artistes. Il aimait les peintres anciens, espérait retrouver chez les modernes un peu de ce qu'il goûtait chez ceux-là. Il appréciait ce que l'on nomme vulgairement « le fini ». Cela n'implique pas une méconnaissance absolue de l'art mais sa passion pour les primitifs, et plus particulièrement pour tout art sacré, l'avait rendu très exclusif.

Il n'avait pas les talents critiques permettant à Huysmans ou à Wyzewa des incursions dans l'art de leur temps.

Il disait souriant : « Je m'arrête à l'*Olympia* de Manet et c'est déjà bien beau. »

Il vint un jour avec moi aux Indépendants aux temps héroïques où le Salon se tenait en quelque baraquement, sur les berges de la Seine. Il en sortit, frappant du pied et me dit, mi-fâché, mi-sérieux :

« Je demande à voir les Dépendants. »

Il lui arrivait, hélas, d'aimer des œuvres très médiocres dans ce que lui offrait son époque.

Quand son portrait par Léon Bonhomme fut refusé au Salon d'automne, il se fâcha violemment.

« L'admirable portrait », disait-il... alors que le peintre lui-même faisait force réserves sur son travail. En aucun ordre il ne fallait attendre du Désespéré des arrangements diplomatiques.

A propos de *L'Enfant Jésus parmi les docteurs,* il écrivit sur moi des lignes fort élogieuses [1] mais quand je suivis d'autres directives que celles de mes premiers tableaux, il n'y fut point sensible et même les condamna.

Il pouvait se tromper, certes. Les gens de bon goût ne le font-ils pas eux-mêmes, et aussi grossièrement ? Mais il le

---

1. « Visité, pour la première fois, le musée Gustave Moreau [...] Mais j'aurais gagné ma journée, n'eussé-je vu que le tableau de Rouault, provisoirement déposé là : *Le Christ enfant au milieu des docteurs.* Un Dieu de douze ans et trois hypocrites qui en ont ensemble cent quatre-vingts. Jésus leur dit la Vérité qui est lui-même et, à mesure qu'il parle, on croit voir sortir, de chacun de ces hommes crucifiants, la bête horrible qui le possède et qui doit, un jour, le dévorer. Je ne savais pas que Rouault avait un talent immense. Je le sais maintenant, et je le lui ai dit avec enthousiasme. » *Journal de Léon Bloy,* mai 1905.

faisait avec un admirable détachement, engagé qu'il était dans une voie toute spirituelle.

Je le vois, entre l'anarchie picturale et certain art officiel, en prière devant quelque beau primitif.

Il mourut de l'avant-dernière guerre. La mort d'amis qui lui furent, par elle, ravis et qui lui étaient chers lui porta un coup cruel car son amitié allait très loin.

Bloy, sous une allure rude, était tendre, véhément, dur aux puissants et, quand on l'a bien connu, dur à lui-même.

Des couronnes qui furent mises sur sa tombe, celle qui portait l'inscription : « A Léon Bloy ami des pauvres » l'eût particulièrement touché.

Il fut certes aidé parfois. On a voulu qu'il fût très exactement « Mendiant ingrat » ce qu'il n'a pas démenti ; on a oublié de dire que, souvent et silencieusement, il aida autrui.

J'eus la chance de rencontrer auprès de lui Pierre Termier. C'était la première fois qu'il se risquait à pénétrer dans « l'antre du vieux lion romantique ».

Ce jour-là, Bloy allant chercher une de ses filles à la Schola Cantorum, nous nous attablâmes, Léon Bonhomme et moi, à la terrasse d'un café avec l'illustre géologue qui, mis en confiance, nous parla de façon directe de la manière d'aider notre ami.

Je trouvai ensuite auprès de Bloy, Brou l'ancien marin devenu sculpteur, Jehan Rictus et dans le même temps, Maeterlinck qui voulait mettre *La Femme pauvre* sur la scène, ce à quoi Bloy s'opposa obstinément par une vieille horreur du théâtre, malgré tous les avantages matériels qu'il en aurait pu recevoir.

Vinrent aussi : Auric, Jacques Maritain, sa femme, sa belle-sœur, René Martineau, l'abbé Léon Petit, Riccardo Vinès, qui faisait assaut avec Bonhomme de coq-à-l'âne plus ou moins relevés. Vinrent même des collègues de Termier à l'Institut.

Bloy n'était déclaré insociable que parce qu'il allait contre tout conformisme, sans souci des circonstances, des préjugés, des chapelles.

Décrétant avec violence : « Je ne suis ni dreyfusard ni antidreyfusard, je suis anti-cochon », il allait comme un sourd, un aveugle, un forcené parfois, s'offrant sans cesse aux coups, se compromettant, s'attaquant aux personnages les mieux en place. Barbey d'Aurevilly le comparait à une « gargouille de cathédrale qui déverse les eaux du ciel sur les bons et les méchants ».

J'avais quant à moi, parfois, l'impression du petit David nu et dépouillé luttant contre Goliath, ou encore de « Job sur le fumier » devant ses difficultés à se « débrouiller », comme disent les gens « dessalés », trop férus de bon sens et de raison et prétendus équilibrés.

S'il avait sur certains points, la faculté « d'encaisser » sans sourciller les coups les plus rudes (il m'avoua un jour, en me houspillant, que bien des choses s'enfonçaient en lui comme en un sable mouvant et me souhaita d'en arriver là), je le soupçonnais malgré tout de cacher à nos yeux son drame intime.

Au cœur d'une humanité qui adopte les nouvelles idoles, Bloy gémit parfois mais son abandon à Dieu lui fait oublier ses misères d'autrefois, d'aujourd'hui et de demain pour dire, les larmes aux yeux : « Tout ce qui arrive est adorable. »

Charles Baudelaire

Respectueux de la pensée d'autrui, même si elle est à l'opposé de la mienne, j'ai longtemps hésité avant de vivre dans l'atmosphère des *Fleurs du Mal* et bien que passant (à tort) pour le dernier des romantiques, j'ai cru comprendre la sensibilité de leur auteur.

Son talent s'épanouit suivant une ligne plus classique qu'il ne paraît... classique, ce mot pour tant de gens n'est qu'une formule vaine... c'est pourtant l'extrême et lumineux horizon de l'esprit qui se libère des modes et formes accidentelles.

Baudelaire, on l'oublie trop, est mort à l'âge où certains, aujourd'hui, commencent à chercher leur équilibre.

Une âme un peu haute est la raison même des haines les plus

cachées, les plus hypocrites, dont certains hommes, les plus corrects, les plus cotés parfois, ne s'aperçoivent même pas qu'ils sont possédés.

Pauvre Baudelaire ! Encore vous envient-ils, peut-être (le cœur humain est si secret), ces brillants et éclatants triomphateurs de l'heure qui passe. Savent-ils bien que leurs succès sont éphémères ? Meurent-ils, dans une heure ils seront oubliés. Aussi ne s'en consolent-ils point.

Ils pensent trop souvent à la matière immortelle dont leur statue sera coulée. Vous, Baudelaire, vous vous enfoncez toujours plus avant, le coin de votre misère au cœur.

Peut-être vous eût-il suffi seulement d'avoir le sourire affectueux d'un frère en esprit pour remonter le courant des peines.

Paul Cézanne

Maintenant on vous fête, même à Aix-en-Provence.

Vous comprend-on beaucoup mieux ?

J'ai horreur de l'intolérance, qu'elle vienne de gauche, de droite ou du juste milieu. On vous a traité d' « essayiste », de « moderniste », d' « excentrique », alors que vous cherchiez dans les ténèbres le sillon de la tradition picturale, en vrai et grand peintre loin des méchants bougres qui croient vous classer.

Etant du pays de Puget, de Daumier, de celui aussi des vieux « compagnons », c'est en des voies très françaises que vous ramenez la peinture.

Ils veulent que vous expliquiez en mots sonores ou même avec quelque splendeur ce que vous entendez par « forme » ou « harmonie ». Gustave Moreau, Degas, Renoir, étaient d'accord sur un point, à savoir qu'on ne l'explique pas. « La fin de l'art est délectation », disait le vieux Poussin.

Vous aviez le respect de la matière subtile et vous n'aviez que faire de la rechercher dans la technique ancienne, la possédant si bien et de façon si naturelle.

Pauvre Cézanne ! Vous montrant tel que vous étiez, peu vous importait de prêter le flanc à de complaisants archers, dont les traits tombaient à vos pieds sans vous blesser.

Celui qui n'a jamais combattu, entendez-le parler combat, juger avec tant de facilité, du temps, du lieu, de l'heure, des forces en présence.

Vous peignez « à votre plaisance », pour votre joie et pour la nôtre parfois quelques accords, à peine indiqués, la toile couverte par endroits, miracle de la peinture.

Qu'en certaines de vos œuvres, vous ayez pensé à Signorelli ou à tel primitif italien — épaules plates, longues jambes, torse gracile — il ne nous en souvient plus, car en trois rappels radieux de la chair, du linge blanc et du ciel, vous faites œuvre personnelle.

Peinture si alerte que chaque touche porte : le jardinier appuyé sur sa bêche, la vieille bonne au physique un peu revêche, au merveilleux caraco rouge, avec les accords des fonds sourds, bleus, noirs.

Qu'ils sont étonnants ceux qui parlent aujourd'hui du problème de la forme ! Couleur et forme s'épousent si bien pour un vrai peintre. J.-K. Huysmans a vu chez Cézanne une nouvelle aperception de la peinture. Depuis on a répété : « Il peint de guingois. » Mais la composition, chez cet harmoniste, grâce aux valeurs picturales, pures, entières et belles, s'équilibre si bien. Nous ne pouvons expliquer tels accords secrets, nous ne pouvons démontrer pourquoi une œuvre est belle.

Loin des jongleurs et des virtuoses, Cézanne reste un auteur difficile.

Il ne peint pas une pomme, mais, jusqu'à l'épuisement, cette pomme, ce linge blanc, ce mur gris et ne trouve pas ces éléments négligeables, indignes d'amour. Les objets reçoivent, du métier bien-aimé, leur dignité.

Mais à l'aimer silencieusement, ce beau métier, on risque fort d'être incompris : tous viennent, avec la lanterne de Diogène, confronter votre vision avec celle qu'ils ont cru fixer, ils repoussent parfois du pied le diamant encore dans sa gangue.

Pour moi, je garde à Cézanne une profonde reconnaissance. Combien de fois l'exemple de sa vie et de ses recherches m'a-t-il éclairé, soutenu, détendu l'esprit et réchauffé le cœur.

Ses contemporains étaient étonnés de le voir hostile quand ils voulaient le faire parler de son art. Il s'exprimait alors en boutades désobligeantes. Pour moi, il peut jurer, sacrer, faire le diable en face de ceux qui le pèsent à leur aune, il reste discipliné en ordre pictural (c'est là l'essentiel), et touchant lorsqu'il se révolte contre tant d'aveugles.

Un silencieux japonais, au sourire énigmatique, se courba jusqu'à terre pour baiser le sol de l'atelier où le peintre avait œuvré.

On trouva détestable cette mimique orientale. Un instant, on s'en gaussa à l'Académie du Beau fixe puis, bien vite, on passa à d'autres exercices.

Doux Cézanne, resté fidèle à l'attache, au port ancien pictural, ton œuvre est marquée d'un spiritualisme si peu exhibitionniste qu'on semble ne l'avoir pas remarqué.

Doux Cézanne, tu étais un sage et ceux qui te disaient fou se sont trompés.

Auguste Renoir

Un an durant, tous deux silencieux, nous avons vécu côte à côte rue de La Rochefoucauld, un peu plus haut que le Musée, lui d'un côté du palier, moi de l'autre.

Renoir était illustre, j'étais obscur et pauvre ; mon maître Gustave Moreau mort, ma famille partie en Algérie rejoindre ma sœur veuve, je vivais à ce moment un peu cloîtré.

Renoir me semblait l'homme de sa peinture, j'entends : heureux en son effort d'artiste.

Même le dimanche nous venions travailler. Attendant dans la courette son modèle, il faisait les cent pas, mains au dos.

Gabrielle était aujourd'hui Pâris, demain Pomone, à la bonne franquette.

J'étais timide à l'excès : je n'eusse jamais osé lui adresser le premier la parole.

Ignorant qu'il fût déjà menacé, souffrant, je sentais un homme cherchant la paix, je ne voulais en rien le contraindre ou lui peser.

Feu Vollard n'a jamais compris pourquoi je ne l'avais pas abordé, ayant là mes premières œuvres : *L'Enfant Jésus parmi les docteurs, Le Christ mort,* le *Samson tournant la meule,* et beaucoup d'autres...

Son objectivisme m'effrayait un peu, je dois l'avouer, bien à tort. Tout mon vieux passé légendaire que je chérissais, je craignais qu'il ne s'en moquât quelque peu ; qu'il ne vînt enfin à lancer sa boule, comme un fier joueur de quilles, et à tout bousculer de mes goûts et inclinations foncières.

En vérité, j'aurais relevé les quilles et n'en aurais pas moins continué à aimer certains maîtres d'autrefois.

Comme je me trompais ! Il chérissait certaines œuvres de nos musées que je pouvais aimer également. Il était passé comme moi, par la porte basse des efforts cachés et de la pauvreté.

Il comprenait la joie qu'il y a pour un peintre à affirmer sous le ciel lumineux, les eaux, la pulpe des chairs, des fleurs ou des fruits savoureux.

Dans certaines de ses œuvres on sent l'ancien peintre sur porcelaine ; il sait ménager ses blancs, conduire sa pâte, ne pas boucher les noirs puissants ou les pourpres des fonds.

Comme les bons artisans d'autrefois, soucieux de son art et des moyens techniques, toujours occupé de progresser, Renoir n'est jamais tendu, sinon dans quelques toiles un peu japonaises exécutées avec la minutie et le soin d'un enlumineur au moment où, par suite d'un impressionnisme trop facile, il recherche une discipline, si on peut appeler discipline son souci des vieux maîtres qu'il connaissait si bien.

Certains n'ont-ils pas été jusqu'à reprocher à Renoir son appétence à peindre pour son plaisir, justement sa qualité la plus certaine ?

Que de voies cachées, de détours parfois : nous sommes

faits pour sympathiser avec celui-ci, nous le fuyons, ou pour rejeter ce breuvage, et nous n'avons rien d'autre pour nous désaltérer. Nous devrions nous concentrer, nous nous dispersons ; nous aimer et, méfiants, nous nous défions du regard.

Heureux les simples en esprit, les doux et les amoureux qui se taisent et aiment, ceux que la vie n'a pas déchirés ni déformés, ayant oublié à la lumière du matin le chagrin de la veille, comme vous, Renoir, à qui je parle pour la première fois ici dans l'intimité.

Sous votre sourire, peintre discret, que d'héroïsme caché, de souffrances et de soucis, oubliés dans la joie de peindre.

Honoré Daumier

Très jeune, face à la réalité, je fus épris de Daumier.

Mon grand-père (grand admirateur de Manet) allait, glanant sur les quais les reproductions diverses des peintres qu'il aimait.

Daumier formait le fond de ses achats modestes ; il savait qu'il était un peintre méconnu. Je revois certaines silhouettes magnifiques et excessives, que d'autres trouveront toujours baroques. M. Homais jamais ne se reconnaît ; « Quelles horreurs ! », dira-t-il en se redressant devant des types si bien campés.

Comme hommes d'opinion avancée, Daumier et Courbet ont été célèbres mais peu appréciés lors de leur naissance à l'art ; l'un et l'autre avaient du tempérament et leur amour de la peinture les condamnait à être longtemps incompris.

Après les Espagnols et autrement qu'eux, Daumier nous montre, dans ses plus belles planches, un type de petit homme à pantalon énorme, à faciès tragique, cauteleux et redoutable. Rarement une silhouette féminine passe ici. Pourtant voyez cette femme avec son enfant à la mamelle : elle mange la soupe mais c'est une Sibylle de Michel-Ange, plus intime ; elle demeure au-dessus des pastiches patentés du sombre Florentin, car Daumier sait ce que créer veut dire. Quelle éloquence sur ces visages, quel pathétique ! Comme — en si peu de traits essentiels — il est peintre... par la qualité rare des noirs et des blancs, par l'accent et le dessin subtil, varié, souple !

Voici de Daumier deux types d'hommes qui se regardent comme deux augures ; l'un, satisfait et jouisseur, replet, souriant mais tout ensemble méfiant ; l'autre, maigre, long, hâve, triste et réticent. Même sans légende, la planche serait assez éloquente par elle-même.

Sous les yeux de *La Joconde,* à voir fleurir son sourire, des enfants sont devenus vieillards captifs et envoûtés. Joconde, ce n'est pas vous qui fûtes coupable en l'occurrence, ni le Vinci, mais ceux qui ont cru pouvoir devant votre sourire, s'endormir en sécurité.

Watteau, Chardin, Daumier, Courbet, Cézanne, Corot, permettez qu'un instant je vous allie les uns aux autres... Ne vaut-il pas mieux chercher dans un sujet humain le modeste prétexte à bien chanter son air ? Les grands sujets ne font rien à l'affaire mais bien les dons, la force et l'amour de celui qui les traite.

On a dit de Daumier : « C'est de la charge et de la caricature. » On a oublié, à part Baudelaire et quelques autres, de regarder et de voir le bon ouvrier qu'il est et combien, avec de petits moyens, il fut parfois grand et fort.

J.-K. Huysmans

Frileux, distant, sourcilleux, parfois quinteux, à petits pas feutrés il avance, sa grosse tête ballante sur ses épaules tombantes.

Il geint, soupire, parfois rit d'un rire contraint ou assez averti, tenant en ses mains fines, osseuses et parcheminées une cigarette éteinte.

Il prépare je ne sais quelle mixture de vieille eau-de-vie dans un verre à long col. Il m'offre le noir breuvage, siccatif de Courtrai pour la couleur, mais j'ai le goût simplet et avec irrespect, grimaçant, j'avale discrètement, à petits coups, ce rare mélange.

Aux murs, un Forain première manière, dessin à la plume rehaussé d'aquarelle et un petit Cézanne grand comme la main, une lithographie du vieux Bresdin dit Chien-Caillou : *La Fuite en Egypte*.

Huysmans me fait souvenir de ses ancêtres hollandais, je pense aussi à certains intérieurs ou portraits d'époque.

Sourire un peu éteint sur un cuir que la vie a tanné ; sous la cendre grise, de temps en temps, un tison apparaît, la vie benoîte des petits béguinages de Bruges lui conviendrait fort bien.

A Ligugé, même décor que rue de Babylone ou rue Saint-Placide où il mourut.

Il me parle beaucoup de Paris...

Il garde tout un vieux fonds d'ancien ouvrier typographe, il en a les expressions faubouriennes, le ton traînard, parfois nasillard. « Quel mastic, quel mastic ! » est le mot favori qui revient sur ses lèvres. Il sourit mal, en grimaçant.

Sans être méfiant, il est sur ses gardes.

Certains le croient plus ou moins sincère, on lui reproche de ne pas avoir détruit ses anciens livres, écrits avant sa conversion, d'être président de l'Académie Goncourt, de ne pas avoir renié certaines amitiés, enfin de ne pas être nu et dépossédé, errant sur les chemins du Calvaire.

Il se plaint et toujours s'accuse de froideur, de sécheresse ; il se traîne ou paraît se traîner. Dévotieux d'art, il admire de belles éditions anciennes à marges fastueuses avec de magnifiques caractères typographiques ; il vit dans le Passé mais ne se désintéresse pas des temps actuels, il a goûté depuis longtemps au fruit vert de ce modernisme trop vanté des uns, trop déprécié des autres.

Dans *Certains,* l'un des premiers il a écrit sur Cézanne et aussi sur Puvis de Chavannes, Gustave Moreau, Félicien Rops, Degas, thèmes favoris pour lui, où il a pu laisser aller son goût car il a joie et plaisir à parler d'art.

Il aime le trait piquant ou savoureux, la simplesse de ce

novice, parfois les petites querelles individuelles d'où se dégage le trait de caractère, l'inclination de la nature contemplative ou active de l'individu.

Il était revenu de Ligugé[1] où il avait rêvé de fonder une sorte de béguinage : « Je voudrais trouver un prêtre saint et intelligent, disait-il ; en dehors de la cohue des Salons, des récompenses officielles, on pourrait travailler en paix et de façon un peu désintéressée. »

Cette idée de former un petit centre discret où, loin de la politiquaille des arts, chacun n'ait souci que de son effort, lui aurait plu ; c'est près d'un cloître qu'il eût désiré le voir se réaliser, chacun ayant sa pitance assurée et peu d'ambition à se distinguer.

La maladie le guette, il a d'abord un zona ophtalmique et vit pendant trois mois dans une chambre noire, paupières cousues.

Après de longs mois de souffrances, une longue et douloureuse agonie il meurt d'un cancer, soigné avec un dévouement extraordinaire par son secrétaire Jean de Caldain.

Edgar Degas

> Classé classique à jamais
> Le vieux Degas répondait :
> Laissez-moi mourir en paix
> Monsieur Gabriel Mourey[2]
> G. R.

J'avais été chez lui à l'heure où l'on disait qu'il rangeait ses pastels, espérant le déranger moins : je le trouvai à déjeuner. On ne pouvait plus mal tomber. Après avoir rempli la mission dont j'étais chargé, je voulus me retirer ; il se trouvait sur le

---

1. La loi Waldeck-Rousseau (1901) fit partir les religieux de Ligugé. Huysmans et Rouault regagnèrent Paris. La loi de séparation, on le sait, fut votée en 1905. (*N. de l'E.*)
2. Littérateur et critique d'art né en 1866. (*N. de l'E.*)

palier quand nous nous mîmes à parler peinture, et j'étais encore là à cinq heures du soir.

Il me montra les œuvres qu'il avait chez lui ; je vis, je crois la *Sémiramis* aujourd'hui au Louvre, en tout cas *Les Jeunes Spartiates luttant.* « Cela ne compte pas », disait-il avec un geste las. Mais cela comptait pour moi car je croyais voir le conflit pictural qui fut toute la vie de Degas. Il avait la certitude d'un savant dessin, suivant en cela les conseils de son patron Dominique[1] « dessin est probité ». Mais trop nourri de la peinture des grandes époques pour rehausser seulement d'un frottis quelconque ce dessin qu'il ne voulait pas sacrifier, il rêvait d'une matière rare mais solide et durable. « Ces tableaux de Memling n'ont pas encore bougé », disait-il.

Comme Léonard, Degas eût rêvé d'allier fresque et peinture à l'huile, de réunir deux qualités un peu opposées, pour bien dire.

Degas vint me rendre ma visite au musée Gustave-Moreau dans cette grande galerie où le public n'allait pas. Il y avait là des esquisses de mon patron et : « Cette œuvre n'est pas de Gustave Moreau, de qui est-elle ?

— De moi », lui répondis-je. C'était *L'Enfant Jésus chez les docteurs.*

Et je partis dans une critique que M. Mauclair[2] m'eût enviée, indiquant mes sources anciennes auprès des vieux maîtres.

— Les docteurs, disais-je... du mauvais Dürer.

— Cet Enfant Jésus... italianisant.

— Le fond du tableau... rembranesque.

— La Vierge, peut-être, est-elle un peu de moi ?

— Et après ? repartit Degas, vous avez eu, je pense, un père et une mère ?

Je compris que ces influences, Degas les trouvait naturelles

1. Ingres. (*N. de l'E.*)
2. Camille Mauclair, critique célèbre qui, parlant de Rouault vers 1930, écrivait : « Sous l'épileptique on sent le chiqué. » Ce jugement injurieux fit beaucoup souffrir le peintre. (*N. de l'E.*)

pour un jeune homme et que la fausse originalité ou sa recherche exaspérée pouvait lui sembler parfaitement ridicule.

C'est vers 1856 qu'il avait rencontré Puvis de Chavannes et Gustave Moreau en Italie ; puis ils se séparèrent, chacun cherchant à creuser son sillon.

Degas impose à son temps sa religion pour Dominique Ingres dont il achète les toiles et les dessins. Il épouse la forme analytique avec quelque sécheresse parfois — certains dessins de cette époque ressemblent à ceux des graveurs, mais il fuit l'anecdote, le fait divers et cherche un style alliant le naturalisme au classicisme : son dessin plus tard sera plus libre.

A l'encontre de Renoir qui, sorti de la peinture, se propose des rythmes candides et reposants, Degas s'arrêtera aux méplats des omoplates maigres, aux fortes clavicules, aux rotules et aux pieds souples de ses danseuses, il suivra le contour de la hanche, insistera, un peu trop acharné, sur le pli et le repli des ventres gras et ballonnés, gardant une allure classique dans le pire déhanchement de ses danseuses.

Harcelé par le souci d'une belle forme, écartelé parfois entre le modernisme et le classicisme, il fait calques sur calques, reprenant la forme en constants repentirs. Il vient, en rehauts subtils de pastel, nous prouver, par d'harmonieux rapports, qu'il peut aimer aussi la couleur.

Maître de ses pastels plus que de sa peinture, il joue sur un clavier restreint en dégradations de chrome, vif ou éteint, sur des bleus tendres, sur des ombres modulées dans des cendres d'outremer : les harmonies viennent là comme pour renforcer le dessin, le souligner, l'enrichir.

« Ce que je crains le plus ce n'est pas la poussière, dit-il, mais la main des hommes... » Et, dans le lointain, au-delà de la porte de l'atelier, dans le brouillard hivernal, il désigne le camp ennemi : restaurateurs, rentoileurs, organisateurs d'exposition, accrocheurs, toute une innombrable et vaillante cohorte, indésirable à ses yeux.

Puis, devant l'anarchie menaçante, le mépris de la science

picturale et de l'individualisme, il se retire, aussi solitaire à Paris que Cézanne à Aix.

Je le rencontre parfois montant les rues tortueuses d'un vieux Montmartre aboli, nouvel Homère mi-aveugle, frappant le sol de son bâton de pèlerin dévotieux à l'art.

Son visage grave et fin s'émacie, se patine, prend l'aspect d'un bronze antique ou d'une médaille de type classique : il me rappelle vaguement un portrait de Carlyle aperçu autrefois.

Dans cette misanthropie de Degas, je vois quelque souci de la peinture pure et son amour pour elle. Il est bon de le souligner.

Degas souffre du débordement des « primaires » de l'art. Il est tout de même au-dessus du « parti pris de classe ».

Qu'il soit « grand bourgeois », comme on disait du temps de ma jeunesse, il se peut... Il en a l'allure, ce petit-fils d'Ingres, il en a la tenue pour le moins et plus tard, lorsque je le voyais, déjà vieux, remonter la rue des Abbesses, je ne l'eusse pas confondu avec les besogneux qui passaient près de lui mais je suis certain qu'il ne les méprisait pas. Il avait le respect et l'amour du travail bien fait et jugeait de haut ceux-là qui s'en moquent.

S'il souffrait en secret de cette ruée vers les professions libérales, de ces salons nombreux, il souffrait davantage encore de ne plus trouver d'écho à ses soucis d'art, à ses recherches. Il l'a voulue, dira-t-on, cette solitude. Qu'il la paie donc et vive à l'écart, ce vieux sanglier !

Qu'ils tentent donc cet effort solitaire, ceux qui jugent ainsi Degas.

Pudeur et retraite vis-à-vis du siècle, je ne les méprise pas, je les conçois même fort bien.

Vous n'étiez certes pas le bon Samaritain, le saint Vincent-de-Paul de la peinture, vous en étiez un peu le puritain.

Vous aviez peu d'inclination pour les jeunes, Gauguin et Forain mis à part.

Votre vie fut simplette ; vos bons mots, vous n'en avez guère profité — on citait vos mauvais, voire ceux qui n'étaient pas de vous.

Comme je citai à Degas ses mots durs sur Gustave Moreau et lui montrai l'attitude si différente de mon « patron » à son égard, il conclut :

« Enfin !... j'étais à son enterrement. »

Il me disait encore :

« Nous peignons tous comme des cochons. »

Et à propos de certaine anarchie actuelle et de la technique admirable des Anciens, il me déclarait avec une voix de basse :

« Il faudra redevenir esclaves... »

Tous, monsieur Degas, en quelque sens ne le sommes-nous pas ? Les riches de leurs appétits, les pauvres de leur détresse, et les artistes sensibles, de la voix intérieure qui les gourmande lorsqu'ils s'endorment sur les lauriers promptement fanés du succès.

PARLER PEINTURE

Ecrire sur l'art, parler peinture, c'est une redoutable tâche que tant de critiques pratiquent facilement. Mais parfois ils confondent toutes valeurs, se moquent des hiérarchies secrètes, si je puis m'exprimer ainsi.

Vous allez écrire sur moi : je vous en prie, parlez de la peinture, mais de son fidèle serviteur, n'en dites rien, ou si peu de chose. La peinture n'est pour moi qu'un moyen comme un autre d'oublier la vie, et si j'ai toujours répugné à parler, c'est que notre langue est forme, couleur et harmonie. Sans orgueil, j'ai eu ma récompense, à quoi bon alors, parler, expliquer, se disculper et juger autrui ? Qu'ils me condamnent ou qu'ils m'absolvent, miséricorde, qu'y puis-je bien ?

Ne parlez pas de moi sinon pour exalter l'art ; ne me donnez pas comme le brandon fumeux de la révolte et de la négation, ce que j'ai fait n'est rien, ne me donnez pas tant d'importance. Un cri dans la nuit. Un sanglot raté. Un rire qui s'étrangle. Dans le monde, tous les jours mille et mille obscurs besogneux qui valent mieux que moi meurent à la tâche.

Je suis l'ami silencieux de ceux qui peinent dans le sillon creux, je suis le lierre de la misère éternelle qui s'attache sur le mur lépreux derrière lequel l'humanité rebelle cache ses vices et ses vertus. Chrétien, je ne crois, dans des temps si hasardeux, qu'à Jésus sur la Croix. Chrétien des temps anciens.

Celui-ci a voulu me piller, je l'ai laissé faire et même

conseillé ; devenu peintre religieux, il m'a alors classé héritier de Lautrec et de Degas, et quoi encore ? petit-fils de Daumier, Léon Bloy de la peinture.

Il se trompe et j'en souris, car il est certain accent et certain sceau pictural qui ne s'emprunte pas.

Je suis solitaire comme le lion du désert. Je suis tendre comme la colombe malgré cris et blasphèmes, écoutant dolentes litanies, d'un cœur ami, je suis si loin en esprit de tous vos soucis et de vos joies, libre comme le vent sur la plaine, et le moindre soupir de l'enfant endormi sur le sein de sa mère vaut plus que mon effort éphémère.

Roi de mon émoi et de mon choix, peuple et aristocrate tout à la fois, sans être si gourmand pour cela, j'entends encore les sirènes et je ne me bouche jamais les oreilles comme Ulysse.

J'entends encore les bacchantes hurler sous le heurt de leur passion inassouvie, en déchirant Orphée. Ils veulent rénover, ressusciter, puis corriger les vieux mythes, raccourcir Racine, Villon, fils de lumière comme ils se trompent de tout mettre à leur portée. Dis-moi encore, cher Orphée, et vous, tendre Eurydice, ombre fugitive et bienheureuse, ils vont vous faire parler, savants jongleurs du verbe, ombre fugitive, vous êtes si belle à fixer en vision relevée, Eurydice ma sœur en tendre mutisme. Et vous, Jeanne, nul n'a connu votre vrai visage, mais en couleurs sur le bûcher ils vont vous photographier et vous demander de vous expliquer.

Vous allez écrire sur moi : ma langue picturale est indésirable et faite de tous idiomes les plus misérables ; vulgaire et parfois subtile, comme au feu du potier ou de céramiste averti, éléments contraires parfois s'allient ou se dissocient. Qu'ils sont heureux ceux-là qui se tiennent par la main comme en ronde les enfants. Miséricorde, la corde de chanvre au col, les pendus se balancent encore avec élégance.

Villon, tu vois leur arrogance, à Cythère sous le dais de la nuit encore ils sourient mieux que la Joconde, tous mêmes et pareils, ils ont quitté leur livrée de servitude. Belle dame qui passez, bientôt vous vous courberez, c'est la loi inexorable, bientôt vous trépasserez, c'est la loi misérable pour votre beauté redoutée. Que pourriez-vous bien dire sur l'ergotant Juif errant que j'ai été parfois ?

J'avais rêvé œuvre anonyme et tous me prient de signer ceci ou cela, misère de moi. Me verrez-vous encore avec un chapeau Cronstadt que je n'ai jamais porté, et le parapluie de Joseph Prud'homme, l'allure d'un bourgeois de Paris ou d'un notaire averti ? Sachez qu'à vingt ans j'étais plus beau qu'Alfred de Musset, si reluisant et sot qu'encore aujourd'hui il en reste quelques vestiges.

Ils se trompent, vous vous trompez, je suis nu et triste comme la vérité, silencieux comme la douce nuit, dur à moi-même et parfois amer, tendre pour autrui suivant le vent qui passe, je grelotte jour et nuit claquant des dents, ayant chair de poule en plein été, les jarrets tremblants, les yeux troubles, égaré en ces temps dits civilisés. Seul, Jésus sanglant a bien voulu m'entendre.

Et je vous trompe encore, je suis un prince charmant et lointain changé en bête dévorante. Visions radieuses et outrageantes, les fées du Morbihan m'ont autrefois aimé voilà mille et mille années, elles m'ont confié à l'oreille plus d'un secret, c'est pourquoi, comme d'Aubigné, je sais très bien danser, même près du bûcher. Je suis téméraire et d'un enfant j'ai la timidité et les colères stupides. Je veux la lune dans un seau d'eau et les étoiles dans le ruisseau. Ma livrée est commune et de fortune, mais je suis plus léger que la libellule, si parfois j'ai peint des paysages plus noirs que le cul du diable, c'est que je présentais la victoire et la baisse du franc.

Je ne pouvais remonter le courant et les fleuves de sang, mais la fée Carabosse me poursuivant de son amour ardent, j'ai plongé comme un hardi scaphandrier aux profondeurs de l'océan où Galathée encore bâille et soupire, où le Cyclope à tant la contempler, de son œil une larme est tombée.

Me voilà maintenant changeant pleurs et sanglots rentrés en si belles perles et joyaux, serais-je le plus affreux macaque ou le lépreux le plus horrifiant, sans dents ni yeux, percé comme une écumoire par tant de combats meurtriers ; encore les filles les plus vertueuses viendraient jour et nuit m'aguicher dans les prés noirs et brûlés de la Désespérance, sous les remparts de la Tour d'Ivoire, et si je me récuse, elles vont me déchirer.

« Eurydice, Eurydice, tu n'es plus qu'une ombre dans la nuit, une ombre fugitive que je crois saisir dans mon délire », disait Orphée.

A PROPOS DE MATISSE

De toi Matisse je devrais parler, ici. Ta qualité c'est ce qui te sera reproché, car tu es resté dans ta ligne ou tu peux y revenir quand il te plaira.

On vantait il y a trente ans et hier encore le décor par aplat sur un mur. Excuse-moi de parler un peu de moi, c'est pour me faire mieux comprendre. A l'époque j'étais pour tous ces brillants journalistes du boulevard (il y en avait encore) le lépreux, pas encore l'expressionniste inconscient de 1900.

Pour toi, Matisse, on te reprochera ta prodigalité.

La facilité, la joie — certes là, oui — avec laquelle tu couvres une surface plane. On comptera tes heures de travail et on trouvera que tu as trop gagné. Heureux moments où tu fixas de grands sujets lors de ton voyage au Maroc ; ils critiqueront justement cette aisance qui en faisait la qualité. Ils te reprocheront la fraîcheur de tes rapports entre eux. Et à Derain, tel jus de chique. Mon tour viendra aussi ; mais j'en ai tellement entendu depuis trente ans que je suis un peu sourd.

EN MARGE DES DOCTRINES

Nous ne sommes pas faits pour être avocats de notre propre cause. Je me laisse parfois aller à penser : « Quand verrais-je enfin naître un bouquin imparfait, mais vif, qui, sans illustrations de luxe, ne sentirait pas l'huile, l'enseignement, le dessèchement intellectuel ? » Je rêverais un livre sur l'art, qui serait comme un vieux conte de fées : les choses les plus abstraites seraient à l'oreille des profanes une musique délicate ; même s'ils n'en comprenaient pas le sens exact et profond, ils se sentiraient portés sur les eaux claires de la vision vers un pays inconnu. Mais les critiques souriraient : « Nous connaissons cela, diraient-ils ; défions-nous de ces imaginatifs qui prennent vessies pour lanternes, papier-monnaie pourrissant pour or trébuchant. Où celui-ci nous conduit-il ? Nous sommes d'abord amis de la lumière. » Soit ; les photographes aussi.

O juges improvisés, sévères ou bénévoles, ratiocineurs de tout poil et de toutes races, aurai-je donc toujours à peser pourquoi je suis enchanté ou navré, pourquoi mes yeux sont ravis, mon cœur ému, si je suis enfin dans une ligne « constructive », plus dessinateur que peintre (à Dieu ne plaise !), traditionnel ou rebelle ?

Les critiques ont la rage de vous chercher un état civil pictural, de vous lier à tel mouvement. Ou bien encore veulent-ils que votre art fasse corps avec un évangile social, politique, parfois assez décoratif, de leur fabrication.

Pour moi, si je disais mes préférences (je puis bien en avoir), irais-je avouer que j'ai horreur d'un certain vague, d'une certaine tendance au rêve ou plus exactement à la rêverie vagissante et sentimentale. J'ai horreur des prétendus « états d'âme ». Prendre prétexte d'un matérialisme parfois étroit et borné pour guerroyer contre la réalité, se décerner des brevets de visionnaire ou de poète militant, voilà qui donnerait le dégoût de la vision et de la poésie — si elles étaient en jeu.

J'ai toujours aimé l'air du large, et ma solitude est si peuplée que pas une seconde je n'ai pu arriver à m'ennuyer. Et tel critique me dira mélancolique, morbide, que sais-je encore ? Je suis le plus joyeux drille que la terre ait jamais porté. Mais la peinture, chers Méditerranéens, n'est pas toujours ce plat délicat ou vulgaire accroché à un mur. Et la joie n'est pas seulement une arabesque heureuse, un rythme harmonieux sur un ciel serein.

Je n'ai jamais haï l'Ecole. Pauvre, j'étais heureux d'y pouvoir dessiner d'après le modèle vivant ou l'antique. Mais je n'ai jamais été un pilier de la Closerie des Lilas, ni, plus tard, du Lapin-Agile ni, aujourd'hui ou hier, de la Rotonde ou du Dôme. Les petits restaurants, les cafés où fréquentaient les rapins de 1830 et de 1880, n'étaient-ils pas parfois les champs de bataille où se déroulait ce qu'il était convenu d'appeler la lutte des idées ? Parentés ou liens spirituels qu'on peut m'attribuer, si l'on y tient. Je n'en suis pas comptable, ni des groupements où l'on a voulu me placer, à tort ou à raison. Ne serais-je pas, comme on l'a dit, spécialiste de la laideur, ou père cérébral de l'expressionnisme ? Je puis dire que je n'ai jamais brigué ces titres.

Je crois, à m'isoler, n'avoir pas tant d'orgueil qu'il paraît, mais souci de me recueillir, de travailler en paix, d'éviter la surproduction et les tentations trop nombreuses de dispersion.

Qui ne se grime pas ?
Miserere, planche gravée n° 8. Photo Hurault.

Chantez Matines, le jour renaît.
Miserere, planche gravée nº 29. Photo Hurault.

Ce sera la dernière, petit père !
Miserere, planche gravée n° 36. Photo Hurault.

Bella matribus detestata, Guerres en horreur
aux mères.
Miserere, planche gravée nº 42. Photo Hurault.

...sous un Jésus en croix oublié là.
Miserere, planche gravée nº 20. Photo Hurault.

Frontispice pour les *Réincarnations du Père Ubu*,
planche gravée. Photo Yvonne Chevalier.

Planche gravée pour les *Réincarnations du Père Ubu*, page 171. Photo Yvonne Chevalier.

La petite banlieue.
Lithographie originale, Ed. des Quatre Chemins.
Photo Yvonne Chevalier.

Danger, direz-vous, de trop se tendre, — il est possible, mais pourquoi penser qu'en se retirant quelque peu, on ne soit pas encore au courant en vérité de ce qui se fait, et plus libre encore d'un juger ?

Je ne crois absolument pas aux belles étiquettes sur les flacons, ni aux professions de foi magnifiques. Je sais bien que la couleur a son rôle, sa densité, son équilibre ; et les bâtards ou défenseurs, bénévoles ou agressifs, de Dominique Ingres n'y changeront rien. Mais souvent Ingres est en dehors de la question et des modes qui se font ou se créent en son nom, par désir d'ordre et souci de ne pas devenir tellement amoureux de la couleur, danger parfois bien illusoire quand on est marqué d'un certain sceau et qu'on a l'amour d'une subtile matière.

Si je parle d'équilibre de la forme et de la couleur, chez les anciens, — citons, par exemple le *Concert champêtre* de Giorgione —, puis-je ajouter que certains artistes du passé ont pu avec leur pinceau dessiner admirablement ? Quand on a vu dans toutes les Ecoles les dessins des Maîtres, on sait qu'ils attaquent la forme à différentes époques de leur vie d'une façon qui n'est pas toujours identique, avec un diamant ou un crayon à la pointe d'argent aujourd'hui — et demain de manière toute différente.

Ils peuvent dessiner par grands plans, un peu comme des sculpteurs ou d'une manière plus serrée et analytique ; ils n'obéissent pas, ce faisant, à une mode saisonnière, bien plutôt à un besoin intérieur, à une nécessité plastique, particulière à leur évolution.

J'aime les vieux Maîtres ; mais pourquoi ne pas avouer qu'il y a des queues d'Ecole, parfois un peu banales et ennuyeuses ? Je fis, avant que Poussin devînt à la mode, de longues visites au Louvre avec le bon Gustave Moreau ; puis, le soir, parfois quatre jours de la semaine sur six, nous discutions à bâtons rompus, pour le plaisir de nos impressions réciproques et non par désir de l'emporter, car il ne mettait aucune barrière entre le professeur et l'élève, mais une simplicité foncière et un grand désir de nous éclairer. Les vieux Maîtres sont un tremplin de choix, ils ne doivent pas être pour nous une muraille de Chine et c'est bien à propos d'eux qu'on peut dire : « La lettre tue et l'esprit vivifie. »

Moreau me parlait des entretiens de Goethe et d'Ecker-mann, à propos de Claude le Lorrain et des débuts artistiques de Goethe. Vers la fin du feu d'artifice de l'impressionnisme, il nous envoyait voir les belles sépias de Claude.

« Décadence, art sain ou morbide ? », dira tel docteur célèbre — en tâtant le pouls de certains artistes.

Là encore, il y aurait fort à dire. Je préfère certaines décadences à la médiocrité des Salons.

La décadence ne serait-elle pas justement bien plutôt dans cette pléthore ?

Dans le passé et le présent, que de classements prématurés, de faux ordre dans les esprits, de panégyriques ou d'oraisons funèbres déplacées, de cases toutes prêtes dans les caveaux de famille, d'erreurs de date, de temps, de lieu, sur le succès ou la réussite de celui-ci, ses gains ou ses pertes prétendues ! Que de croque-morts diligents, de fossoyeurs inintelligents et de parasites !

Celui-ci peut facilement choisir, ne pas dépasser sa limite, entrer dans le jeu avec prudence, car il n'a pas d'envergure ; mais tel autre, parce qu'il est au contraire forcé de se renouveler et de risquer de nouveau la partie, vous le jugez d'un dangereux exemple.

L'art, pour rassurer certains, doit-il donc être à la mesure exacte de leurs buts ?

Ils veulent la fleur dont le parfum leur convient, au pays de leur choix, — généralement celui-là où ils sont nés, — ou, s'ils sont un peu snobs, celui-là qu'ils connaissent le moins, le plus lointain, le plus extravagant.

Pour moi, qui suis de l'Ile-de-France, je sais bien que Versailles n'est pas la seule capitale, et que l'on peut, pour arriver à Paris, passer par Chartres ou par Reims ; et aussi que les horizons gris, nuancés, mesurés de Loire nonchalante, ne sont pas les seuls qu'on soit forcé de regarder.

Peut-être le « dépouillement » est-il surtout permis à ceux qui possèdent des moyens d'expression assez variés et les nuances bienheureuses qui s'acquièrent peu à peu par un persévérant travail.

Que Van Gogh aille vers la folie, peignant sa dernière toile *Corbeaux noirs au-dessus d'un champ de blé,* que Gauguin agonise aux Marquises, que Cézanne s'isole de plus en plus à Aix, nos « Maîtres Jacques » suivent une certaine ligne d'horizon, de leur choix particulier. S'ils font semblant parfois d'accepter enfin, par grâce, certaines œuvres de ces artistes pour valables chefs-d'œuvre, ce sera trop souvent à eux-mêmes qu'ils penseront et à leur propre sécurité, ou bien encore aux intérêts d'un groupement dont ils sont les vigilants animateurs ou oracles. N'auraient-ils donc pas assez de liberté d'esprit pour juger les œuvres en elles-mêmes ? Car c'est trop souvent d'un ordre extérieur seulement qu'ils ont souci, d'une apparence d'ordre.

Festons légers, astragales d'un décor assez vain les enchantent ; la photographie en couleurs aussi, et tout ce qui s'en rapproche ; art de facile imitation de la nature, non pas prétexte véridique, mais souvent trompe-l'œil qui a — peu à peu — amené cette pléthore des Salons.

Cette médiocrité réussie satisfait la plupart de nos contemporains, peu désireux d'un effort plus secret, plus libre vraiment en esprit. Car cette liberté décorative n'est pas la seule possible. Il en est une autre moins comprise, plus cachée que cette technique constructive que l'on a réclamée après l'impressionnisme. C'est la plus belle des libertés, celle qui semble naturelle et dont on ne se réclame pas, et pour cause, dont on ignore le dosage, la formule exacte. Il est en effet une partie de l'art qui échappe à nos meilleurs prospecteurs et où l'intelligence courante ne joue aucun grand rôle. J'oserais presque dire qu'une certaine sorte d'intelligence et d'érudition peut nuire à un équilibre pictural qu'un silencieux artiste possède, peut posséder bienheureusement par grâce d'état.

En marge des doctrines, mais plus près des œuvres, on peut se permettre parfois quelques commentaires d'ordre général. C'est tout ce que j'ai tenté de faire ici.

CETTE PRÉTENDUE LAIDEUR

Cette prétendue laideur, c'est une étape, un instant de mes recherches, peut-être ai-je été trop objectif. Telle chose m'advint, j'ai été là, mais je ne suis pas de ces gens prudents, habiles à l'excès, qui ne fautent jamais. Suis-je allé trop loin ? peut-être bien !

Cependant, « toute révolte peut s'orienter vers l'amour ». Mes plus affreux grotesques, les aurais-je peints avec du « vitriol », en leurs pauvres faces de crucifiés, je l'ai fait sans aucune intention préconçue ni littéraire, et j'ai toujours été étonné de voir combien on inventoriait, disséquait ou pesait de haut, au nom de je ne sais quel dogme social, moral, des choses qu'on prétend mépriser et auxquelles, alors, il conviendrait de ne pas donner tant d'importance, mais bien plutôt dire comme le peintre célèbre que cite Lhote : « Rouault ? mais on n'en parle pas. » Ce serait bien plus équitable, en fait. Mais je fus le premier surpris de voir qu'on ne donnait, à la longue infiniment plus d'importance que je n'eusse jamais osé le supposer.

(...) Mon cas est devenu plus grave ensuite ; à mesure que j'ai mieux pénétré au cœur de ma passion picturale, j'ai senti la forme plus sobre et sévère, l'effort à donner plus dépouillé. C'est en ce sens que j'entends un effort religieux, car le visage humain, à l'instant où il ne représentait pour certains que le type du portrait officiel de Salon, et pour d'autres peu d'intérêt, je le sentais une source infinie de moyens d'expression d'une richesse incomparable.

CLIMAT PICTURAL

Forme, couleur, harmonie

Peintre de la mort, ce qui est un fort beau titre, illustré mieux que je ne saurais dire par certains anciens, il me serait difficile de parler forme, couleur, harmonie en telles ténèbres.

L'artiste n'est pas du tout forcé de donner tant d'explications, de programmes, de professions de foi : « Nous faisons un art muet », disait le vieux Poussin.

J'ai pu écrire autrefois quelques notules « après peindre », ce n'étaient pas des explications, mais des inclinations picturales ; je vais tenter de les revoir pour ce numéro de la « Renaissance », mais je ne suis pas critique, à aucun titre, ni appelé à tellement peser, juger autrui ou moi-même en cette gentille école française si variée, si diverse, si libre enfin, — deviendrait-elle pas un peu pédante ? — ce serait dommage. Telle bonhomie ou quelque boutade n'est-elle pas plus utile parfois que tant de lourde science, car tout ne s'enseigne pas. Le plus secret, le plus beau ne s'acquiert que par l'amour persévérant et l'effort silencieux, loin des polémiques.

Il ne suffit pas de prier avant de peindre pour égaler l'Angelico ni de croire aux seuls moyens spirituels pour faire œuvre viable. Il y faudrait peut-être bien d'abord quelque forte et vigoureuse inclination. Degas aura toujours mauvaise presse, même trépassé, pour avoir dit : « Il faut décourager les beaux-arts. »

Forme, couleur, harmonie, langue adorable dont on ne soupçonne pas encore l'éloquence ni la portée, bien qu'on ait

pu élaborer tant de théories diverses opposées, contradictoi-
res, sages ou folles.

L'art est un admirable exutoire, il peut être une ardente
confession ou une communion en notre ordre et avec nos
moyens d'expression, infiniment riches et variés ; mais il est
des auteurs difficiles. Combien de gens se vantent de savoir
analyser et définir le caractère par l'écriture et si peu prennent
le temps de regarder une belle œuvre ou une œuvre discutée. Il
est vrai qu'il est plus facile de tirer des pronostics sur certains
signes et formes calligraphiques que de porter un jugement
sensible sur une œuvre d'art.

Artiste, tu seras parfois comme l'arbre au printemps quand
il refleurit, dans la joie créatrice ; ou en temps de sécheresse,
l'hiver venu, la pauvre bestiole qui se terre, car tu es marqué
d'un certain sceau dès ta naissance et tu dois suivre telle voie
de préférence à telle autre, si dure soit-elle, si elle t'amène au
but désirable.

Sans parti pris de politique aucun, si j'ai eu loisir de voir
longtemps la grande Walkyrie défendant Paris de sa grande
épée et brisant la ligne grise du vieux Louvre, enlevée
maintenant du Carrousel, ou le Gambetta redingoté, pas loin
d'elle, le Jules Ferry des Tuileries et le Musset mélancolique
de la Comédie-Française, j'ose me demander où est le progrès
dont on nous rebat les oreilles à tout propos quand je revois
certains Sphinx d'Egypte, quelque fragment de cathédrale ou
de la Renaissance, voire le Rude de l'Arc de Triomphe
comparativement aux sculpteurs modernes que je viens de
citer, auxquels, d'ailleurs, ce serait blasphémer que de les
comparer.

Il peut se dégager d'une œuvre d'art une poétique sensible
et humaine, mais l'artiste, en fait, aurait-il si bien calculé,
combiné et saurait-il ensuite expliquer ? Qu'importe ! l'essentiel était de le dire. Aussi les classifications des partisans et des
augures sont à réviser souvent et les passions des contemporains hypocrites ou visibles les aveuglent.

Adore tout ce qui vit sous le ciel — la lumière est si belle, la
demi-teinte et même les ténèbres. Ne t'enfuis pas devant la

douleur ou la misère comme le cerf aux abois pourchassé par les chiens — ne cède jamais la moindre parcelle de ce que tu sens si bien au-dedans de toi-même, pour des intérêts précaires, des privilèges, des honneurs trompeurs.

L'art est choix, sélection et même hiérarchie intérieure.

Il est facile de démolir et difficile de reconstruire, mais il existe un faux ordre que certains savent faire passer pour héritage des anciens ; c'est vraiment trop facile.

Je suis un obéissant, mais il est à la portée de tout-venant de se révolter, plus difficile d'obéir en silence à certains appels intérieurs et de passer sa vie à trouver les moyens d'expression sincères et appropriés à notre tempérament ou à nos dons, si nous en avons. Je ne dis pas « ni Dieu ni Maître », pour arriver à me substituer ensuite au Dieu que j'ai excommunié.

Vaut-il pas mieux être Chardin et beaucoup moins encore, qu'un triste et pâle reflet du grand Florentin ?

A peine as-tu ouvert les yeux et trouvé les moyens de t'exprimer mieux, que te voilà agonisant. Vois donc, ceux-là ne pensent qu'à se déchirer, sans cesse annihiler ou haïr même sans se connaître, sinon par des rapports parfois mensongers.

Pauvre de moi, tous cependant égaux dans la peine dès que nous valons quelque peu, logés parfois à même enseigne plus qu'on ne suppose. Vie si belle, mais si difficile, délicate et sensible, nos désirs si puissants, nos réalisations si incertaines, comparativement à ce que nous voudrions — sans pour cela être fiévreux, inquiets, délirants, hors de propos ou à tout propos.

Laissez-moi un instant penser à certains anciens que je crois encore très vivants — ils n'étaient pas tous des enfants prodiges tout en possédant un outil parfait. Certains étaient plus forts, picturalement, en leur maturité ou vieillesse avancée, en divers stades où ils avaient évolué lentement — cela n'infirme pas que Pascal, Mozart ou Raphaël n'aient dit l'essentiel de ce qu'ils avaient à dire à la fleur de l'âge.

Aux portes de l'Orient, j'ai erré en ce vieux port de Marseille où Cézanne vers l'Estaque a passé, près d'un nègre bleu et or ; les enfants continuaient en ronde folle à tourner comme en canicule, mouches bourdonnantes ; Castor à Pollux souriait déjà dans un ciel d'outremer.

Plus loin, vers Villefranche, une pauvrette aux pieds nus bien dessinés sur le sable fin vendait quelques fleurs odorantes.

Et rue de l'Humilité, sous la petite Vierge oubliée, j'ai pensé à toi, père Cézanne, qui priais à ta manière — si peu goûtée, si mal pesée par tant d'augures dans leurs palabres. Ne sauvent-ils pas l'art chaque matin ? mais, le soir venu, n'y pensent déjà plus...

O Douleur, disait le novice, je t'ai connue de si bonne heure. On naît solitaire dès le ventre de sa mère et parfois on trépasse solitaire en esprit — il n'est pas en ce monde que ce bon goût et ce charme que certains se vantent de posséder en toute propriété intégrale. Certes, on peut préférer la *Déposition de Croix* d'Avignon ou le sourire de Reims à Fragonard ou telle peinture anonyme du treizième à l'adroite et savante virtuosité de Boucher.

O Douleur, la fleur du désir, il faut parfois la cueillir au bord de l'abîme.

Il est arrivé que des hommes d'action à tant s'agiter perdaient équilibre et raison pour avoir affirmé que seul existe ce qui se voit, se pèse et se vend.

O Joie, tu n'es pas ce rire inextinguible et indécent, mais parfois telle cette eau paisible, sans une ride, de la petite rivière limpide d'Ile-de-France, quand les maisons blanches viennent s'y mirer.

Gens trop bien lotis n'ont plus rien à désirer, disent certains effrontés.

Quelle misère ! « Rien à désirer », dites-vous. Quel blasphème : « Tout à désirer », même s'ils vivaient trois siècles, tout à désirer.

Tout si différent aujourd'hui d'hier, sous certain angle de la lumière.

Mais ceci n'est peut-être qu'apparence : rien n'a changé ni varié cependant depuis Cimabue, de ce ciel, de cette terre, de cet arbre. C'est toi qui, suivant les idées que tu as en tête, crois tout variable au gré de tes impressions fugitives. Peut-être as-tu raison en certain sens, et les rapports de l'artiste avec le monde sensible ou légendaire n'en ignore-t-on pas parfois la cadence, le rythme serein ou tragique malgré tant de polémiques vaines ?

VISAGE DE LA FRANCE

Ce Visage n'est pas au Panthéon — dans la confusion des grands tableaux posés sur ses murs vers 1880 —, ni dans les vernissages des salons officiels.

Il est multiple, devrions-nous en souffrir jusqu'à la fin des temps.

A Rouen, sur la place du Vieux-Marché, je pense au Procès de Jeanne d'Arc, à ses réponses auprès desquelles pâlit tant de littérature célèbre.

Je pense aux sanctuaires élevés avec patience et amour par de vieux Compagnons dont nul ne sait plus le nom.

Et ce Visage, je le retrouve encore, ô Péguy, dans l'air qu'on respire en arrivant à Chartres, sous un ciel gris que Corot eût aimé.

Belle, sobre pierre, sceau du modeste ouvrier anonyme.

Etant comme tant d'autres né pauvret, n'ayant aucune difficulté à l'avouer, ni tant d'orgueil à m'en vanter, j'ai peu voyagé.

Le pauvre hère que je suis n'a pas la prétention d'être Européen, ni citoyen de l'Univers.

Petit apprenti peintre-verrier d'autrefois,
Au verre si franc d'aloi
Tu te coupais les doigts.
En tes frêles mains dévotieuses
Passaient rouges, sourds et flamboyants,

Jaunes d'or, outremers antiques,
Profonds comme ondes du Pacifique.
Nos anciens savaient si bien
Ce qu'ils faisaient,
Pas si savants que nous supposons l'être, Seigneur !
En leur grande expérience familiale
Visuelle et manuelle
Léguée de père en fils,
De maîtres en compagnons,
Péguy, bon chartrain, je te suis et t'entends fort bien.

Loin des conquêtes terrestres me sera-t-il permis de contempler encore (sans perdre de vue pour cela le Greco, Rembrandt ou Grünewald), la *Déposition de Croix* d'Avignon, le *Sourire de Reims* — que j'ai la faiblesse de préférer, même mutilé, à celui de la Joconde —, le petit *Benedicite* de Chardin ; et *L'Embarquement pour Cythère* de notre Watteau ; ou, du père Corot, ce *Vieux Pont* sur la route d'ocre clair, les perspectives des jardins de Le Nôtre, à Versailles, tant d'autres œuvres de l'Ecole française, si diverse, sans oublier Cézanne.

Qu'il me soit pardonné de trop parler ici de ma chétive individualité, quand de telles misères pèsent sur le monde. Mais en notre ordre bien-aimé, si je parle de moi, frère de misère, je pense à toi, et peut-être plus, ma foi, que tant d'éloquents discours au Forum.

A nous, tes fils spirituels, France trop effacée, modeste, silencieuse et travailleuse, de ne pas te laisser paraître, en de lointains pays, sous des traits empruntés.

En cette France moderne, sédentaire jusqu'à près de soixante-dix ans, ayant vécu trois guerres, ô douce France, mon pays, j'ai toujours pour toi le total abandon du fils prodigue dans les bras de son vieux père.

STELLA VESPERTINA

Propos à bâtons rompus

La machine envahit terre et ciel, va aux profondeurs de la mer et jusqu'au désert, sans crainte de troubler l'air du matin.

On va de plus en plus vite, on n'a même plus le temps de soupirer à l'instant de disparaître. L'art en ce siècle mécanique ne serait-il pas parfois le miracle ?

Un savant a pu dire : « Il n'y a plus de mystère. » On peut être très savant et très sot en même temps. Tout est impondérable dans les régions spirituelles où s'aventure l'artiste, mais il y règne un ordre plus vrai que celui du contrôleur des poids et mesures.

Le regard de Rembrandt vieux ou le masque de Beethoven aux yeux clos m'émeuvent autant qu'un siècle entier d'actions épiques. En fait, ce qui est beau reste caché et il en a toujours été ainsi. Il faut être digne de le chercher et de persévérer jusqu'à la mort pour le trouver. Il y aura toujours peine et tourment pour celui qui s'engage en cette quête mais aussi joie profonde et silencieuse.

Pascal, malgré tout son génie, se trompe quand il parle de la peinture ; nous n'avons pas à lutter d'éclat avec la nature.

Si rien n'est nouveau sous le soleil tout peut être transposé et nous pouvons chanter d'une autre manière et sur un autre mode que les anciens.

Virtuoses au cœur mort, la main n'est que la docile servante de l'esprit en éveil.

Les canons anciens, les proportions radieuses, la mesure des statues grecques ne suffisent point. Si nous avons du reste de beaux exemples de cette statuaire antique nous avons aussi toute une fausse Grèce caduque et conventionnelle. Sous prétexte de beauté on arrive vite au poncif quand on ne regarde plus la nature, qu'on n'observe plus la vie et le mouvement de l'animal humain. Les beaux rythmes sont partout.

Ainsi, avec le temps, l'œil est arrivé, non pas à trouver beau l'horrible comme le voulaient certains romantiques, mais, à tirer du spectacle journalier, des formes qui offrent toute la variété de la vie et dégagent d'elles-mêmes leur puissance d'émotion.

Raphaël revenant parmi nous ne referait certainement pas ce qu'il fit. Aussi ses pasticheurs font-ils une besogne autant erronée qu'inutile.

Entre l'Institut et le Louvre, il y a la Seine.

Je n'ose dire, moi qui serais, au dire de certains, le peintre de l'horreur, combien le grand rythme et l'arabesque me ravissaient quand, en astragales et festons divers, filles-fleurs des ballets russes évoluaient à Monte-Carlo en travail silencieux, et que je pensais au décor de l'Enfant prodigue... Je voyais toute la troupe de ballet évoluer : frises, bas-reliefs, frontons, compositions s'inscrivaient dans l'espace. L'esprit était porté loin d'un spectacle charnel.

En verticale de hautes flammes ou en longs rythmes horizontaux les corps se pliaient à la cadence collective des mouvements rythmés.

Quelle joie pour un peintre c'était là !

A la mort de Moreau en 1897 je n'avais pas trente ans ; il m'eût été facile de fonder une académie ; on m'en priait, mais je me trouvais bien jeune et pas assez aguerri aux jeux de la vie et de l'art. L'aurais-je été qu'encore j'eusse hésité. Je voulais tenter (c'est ce qui m'a été particulièrement reproché depuis et c'est peut-être mon seul mérite) de ne pas me laisser envoûter par certains grands maîtres anciens, malgré toute l'admiration que j'avais pour eux et à cause même de cette admiration...

Il y a certains cycles qui sont si bien accomplis qu'il n'y a plus rien à dire ensuite sinon en d'autres nuances.

Parfaits et admirables exemples à condition de se souvenir que l'esprit vivifie et que la lettre tue et que le plus parfait pastiche ne vaut pas le bégaiement harmonieux ou les mots sans suite de l'enfant qui s'essaie à parler.

Le vieil artisan aimait sa pierre ou son bois et travaillait avec amour. Ouvrier anonyme d'une œuvre grandiose, combien n'était-il pas supérieur à tant de simili-personnalités de notre époque où la collaboration idéale de l'architecte, du peintre et du sculpteur est abolie. L'art des cathédrales est à la fois collectif et personnel. Mais on ne peut recréer artificiellement une telle façon d'être, de sentir, de comprendre, d'aimer. On fait autre chose, on ne refait pas ce que cet effort collectif et non combiné des générations a pu édifier avec la foi que nous savons.

On n'entre pas dans la Tradition comme dans un autobus, avec des numéros d'ordre. Il y faut des affinités plus secrètes.

Il y a aujourd'hui oubli complet d'une certaine hiérarchie des forces et des valeurs spirituelles. Il y a des règles non codifiées qu'on n'enfreint pas impunément. On les connaît peu à peu quand toute sa vie on a pratiqué son métier avec intelligence (le cœur ne suffit pas en l'occurrence) ; avec patience et avec des moyens d'expression adéquats. Notre art trouve son équilibre entre deux mondes, celui du contemplatif (mot bien démodé) et le monde objectif. Les deux peuvent se confondre et ne pas se dénouer.

Le langage des formes et des couleurs est un royaume qui reste toujours à explorer, soit dit sans orgueil malgré les réussites des anciens.

La connaissance grisera certains primaires mais, comparée à ce que nous ignorons encore, enchantera le chercheur silencieux et désintéressé...

Il faut un long, un persévérant et parfois un tragique effort pour succomber seulement en vue de la Terre promise. Heureux ceux qui y parviennent. On peut repousser du pied le diamant dans sa gangue, en le prenant pour une pierre. L'art est source cachée, oasis dans le désert. Nous croyons arriver à tout savoir, en ces temps fastes, tout en ignorant l'essentiel qui est amour de tout ce qui vit sous le ciel et de toute beauté visible ou cachée. Certains anciens, bien que simplistes, ne l'ignoraient point.

Perroquets au beau plumage, paons faisant la roue, tant d'artistes ne sont que cela. Et les hommes passent leur vie à regarder ces paons et ces perroquets se battre entre eux.

Au fond on ne trompe personne sinon soi-même. Le flatteur et sa dupe, le marchand et l'amateur, le critique et l'artiste meurent ; l'œuvre reste seule et peut survivre. Combien de nos contemporains sont moins vivants que tel primitif dont on ne connaît rien que ce qu'il a peint.

Certains artistes sont capables de tirer profit d'une misère intérieure et même matérielle qui devrait les faire crever. Ecoutez ce Satan ! qu'il est donc stupide quand il offre à Jésus, en croyant le tenter, cette terre misérable ! La force de Jésus c'est son dénuement. C'est pourquoi il fait tant horreur à ces bonnes gens... Loin des consolations humaines, je suis comme un vieux serviteur, mal compris, mal loti, mal embouché aussi. La conscience d'un artiste digne de ce nom c'est, sans exagération, une lèpre inguérissable qui se paie en tourments infinis mais parfois aussi en joies silencieuses. En fermant les yeux il me semble quelquefois entendre de lointaines ondes musicales. A mesure que je m'évade en certaine poétique picturale le silence se peuple d'images, de sons, de vastes contrées, plus inexplorées que le pôle Nord ou de petits bosquets, charmants et intimes, comme on en voit chez l'Angelico. Mais on a horreur de tout ce qui se suppose et ne se voit pas de nos yeux.

Peintre de la joie !... Pourquoi pas ? J'ai été si heureux de peindre, fou de peinture, oubliant tout dans le plus noir chagrin. Les critiques ne s'en apercevaient pas parce que mes sujets étaient tragiques. Mais la joie n'est-elle que dans le sujet qu'on peint ?

Ce bon goût français qui encercle parfois l'art d'un rayon de barbelés, relève d'une rhétorique si basse et si primaire que

Poussin lui-même visitant le Salon officiel chercherait en vain ce que veulent dire cet ordre et cette mesure dont on parle à loisir. De tout temps, en tous ordres, on a condamné tout ce qui est d'une pensée un peu vive et loin du menu du jour...

Je ne suis pas de ces gens, prudents de naissance, qui ne peuvent entendre dire sans trembler qu'il y a parfois profit spirituel à passer sa limite. En notre pays le besoin du dépouillement n'est souvent pas mieux compris que le goût du risque. Mais pour se dépouiller faut-il encore être assez riche !

Les médiocres ont peur de ne pas être eux-mêmes et ils le sont invinciblement.

Le sujet n'est jamais démodé. Tout dépend par qui il est imité. Certains augures prétendent que je suis aussi religieux quand je peins *Tristes Os, Terre d'ombre, Pitre peu joyeux* — peut-être moi-même — qu'une flagellation de Jésus-Christ. Il est possible. Mais cela ne rabaisse en rien, à mon avis, les sujets religieux ni les paysages légendaires que j'ai pu traiter.

On n'est pas moderne parce qu'on peint des sujets actuels. On n'est pas traditionnel parce qu'on aborde des sujets héroïques. On n'est pas pornographe parce qu'on peint une prostituée. Ce n'est pas le casque qui fait le pompier.

Des critiques rient du mot du Père Cézanne : « Le contour me fuit » et lui opposent la formule d'Ingres : « Dessin est probité ». A leurs yeux le maître d'Aix ici se condamne ; à mon humble avis, il s'élève et porte le conflit au-dessus de lui et de nous. Ce mot lapidaire est en effet toute la peinture et va bien au-delà.

Nous avons de Corot et de Watteau des œuvres séduisantes. Le sombre Florentin[1], cependant, considère le paysage comme art de seconde zone.

Peut-être ne sommes-nous plus à l'échelle du *Jugement dernier.* Mais la grandeur n'est pas dans la proportion mathématique ni dans le sujet. Elle est dans l'œil, le cerveau et la main de l'artiste.

« Le paysage est un état d'âme », a dit certain littéraire mais

1. Michel-Ange. (*N. de l'E.*)

ce n'est pas une raison pour que le peintre fasse de la littérature sentimentale. Il y a sensiblerie et sentiment. Les fonds de paysages primitifs épousent parfaitement le style des figures et n'ont pas moins de grandeur.

Degas décrivait ainsi le travail d'une école ancienne, en Chine ou au Japon. On donne un modèle : une fleur dans un vase. L'élève doit le copier dans un temps fixé et assez long, puis le recopier dans un temps de plus en plus bref. Enfin, la table, la fleur et le vase disparaissent et il doit reprendre le tout de mémoire... Voilà qui explique la phrase d'Ingres sur la culture de l'œil. Il y a dans la nature une telle variété d'atmosphère, un registre de valeurs si riche et si subtilement nuancé que l'observation directe nécessite un choix de l'affirmation d'une hiérarchie.

On aime les maîtres ou la nature sans doser la part d'objectivité et de la subjectivité ou les matériaux propices. Il y a tant d'impondérable en notre art. Les uns peuvent copier au plus près (leur talent est d'analyse amoureuse, attentive), les autres s'en aller à l'aventure sur une mer propice. Acceptent-ils encore pour régulateur la nature ? Eh ! très souvent ma foi, de peur de tomber dans l'archaïsme, l'artifice et la convention. La nature grise les uns, endort les autres, mais même en art légendaire l'observation patiente et continuelle de la nature est aussi nécessaire que la respiration à qui veut vivre ; c'est d'ailleurs une belle joie pour tout artiste digne de ce nom.

Ce qui fait la beauté du chant c'est qu'il se délivre de l'objet qui l'inspire, ou le transforme, le transfigure.

J'ignorais tout de la manière picturale quand je connus Gustave Moreau mais, dès nos premières entrevues, devant mes essais imparfaits, levant les bras au ciel, il me dit : « Ah ! vous aimez la matière, je vous souhaite du bonheur ! » Comme un radiologue aurait dit : « Vous avez un cancer d'estomac et il n'y a encore aucun remède pour vous guérir mais on peut vous empêcher de trop souffrir. » En l'occurence, je n'aurais pas tenu à être guéri.

Je sais qu'il y a un amour charnel de la matière. Mais sous la

chair n'y a-t-il pas muscles et os ? A rechercher trop exclusivement, avec anxiété ou passion déréglée « la pulpe de fruit »,
on peut parfois risquer de faire un art invertébré où l'on ait
telle jouissance qu'on en oublie beaucoup d'autres points
essentiels.

Il y a aussi, comme disait Gustave Moreau, « l'admirable
boue de Rembrandt ». Le drame rembranesque ouvre la voie
à un humain troublant qu'on peut préférer à tout, cependant
certains primitifs sont bons pour d'autres raisons. Il est des
œuvres de petites écoles primitives d'Italie d'une matière
argentée, délicieuse. J'ose dire que certains peuvent se passer
de cette matière, avoir la sonorité héroïque de Paolo Uccello
avec ses rouges ardents et flamboyants.

Si le mosaïste a mille et mille couleurs, le peintre moderne
possède également un choix plus grand de nuances que les
anciens. Cela ne veut nullement dire qu'il soit capable de faire
une heureuse sélection. Il ne sert à rien de trouver des tons
nouveaux, mais de savoir en jouer et les juxtaposer.

Les couleurs se vendent en tubes mais c'est nous qui
composons nos tons et ils correspondent à un besoin d'harmonie plénière. A mesure que l'on avance, ou que l'on suppose
avancer, on se fait silencieux et recueilli en tous ordres les plus
divers ; plus on sait, plus on voit qu'on ignore encore.

Se retirer du monde, croire trouver la paix, quelle gageure si
tu ne portes en toi un autre monde qui transfigure les plus
misérables matières et leur donne odeur et saveur des fleurs du
paradis.

L'ordre, c'est du dedans qu'il rayonne et non du dehors. La
suprême bonté, c'est le don absolu de soi-même. O riches
insensés qui vous croyez dégagés quand vous n'avez donné que
le superflu de vos biens matériels.

Certaines fibres secrètes font que le solitaire peut être
infiniment plus attaché à l'humanité que les gens d'action dont
il est éloigné.

O pauvre Léon Bloy,
Si incompris en tes appétits spirituels

ouvre-nous les portes du Ciel.
Toi qui aimas d'un cœur ardent
tout ce qui ne se voit pas
n'est-ce pas nous les plus mendiants ?

Richesse du monde, jouissances artificielles ont goût de
maladie, relent de mort en face de certains biens spirituels.

Signalisation officielle du ci-devant : apôtre de la laideur,
misogyne, morbide, intouchable (quand je n'avais pas encore
senti gronder cette lave brûlante, ce feu intérieur qui couve en
certaines de mes œuvres avec lesquelles, d'ailleurs, je n'ai
jamais échafaudé théorie intéressée, ni problèmes, ni thèses).

En ce monde mou et carnassier
j'aime tout ce qui ne pèse pas
    tout ce qui est fugitif
forme, couleur, harmonie
    chère oasis
au cœur du pécheur
du juste ou de l'impie

Forme, couleur, harmonie
    trinité bénie
ouvre les yeux aux aveugles
et donne aux plus sourds des hommes
la joie ou la douleur
sur le plan relevé
loin de tous régulateurs brevetés.

Je n'ai voulu éloigner le Pharisien de mon art, encore moins
le Publicain, ni personne d'ailleurs. Je n'ai fait aucun calcul.
Ma couleur et ma forme sont la gangue de ma pensée, elles
valent ce que vaut ma pensée ou du moins mon sentiment.
Cependant je n'ai jamais posé au penseur... Ce n'est pas là
mon ordre.

Rire seul et sans raison apparente, c'est là pour certains un
signe de folie. Mais ce qui est pour les uns signe de folie est

pour les autres la sagesse. Beaucoup paieraient cher pour avoir le rire des enfants qui trouvent tout si nouveau et si amusant et savent si peu ce qu'est la mort qu'ils en nieraient l'existence.

Le peintre aimant son art est roi dans son royaume, fût-il à Lilliput et lilliputien lui-même. D'une fille de cuisine il fait une fée, et d'une grande dame une matrone de lupanar, s'il veut et s'il voit, car il est voyant. Il a vue sur la vie comme aussi sur tout ce que le passé recèle de vivant.

O Jésus crucifié
il peint pour oublier de sa vie
« l'inexorable ennui »
loin de ce monde d'ombres et de semblants
il est parti sans bruit vers des régions bénies
dont il est hanté jour et nuit
vers des régions bénies
où tout est harmonie
aux yeux, au cœur et à l'esprit.

L'artiste peut être en même temps peuple et aristocrate. La base technique doit être forte, puissante et résister « à toute littérature » ou thèse intellectuelle. Car il y a sensibilité de l'art et intelligence de l'art.

L'artiste, un fou ?... Plus sage, en vérité, que roi et empereur. O Guillaume, ô tsar de Russie, qu'avez-vous fait de vos empires ? Nous autres, nous allons mourir demain, mais d'autres viendront, non pas des héritiers vains, voraces et présomptueux, qui dilapideront notre bien, mais des fils par l'esprit, éternellement.

L'artiste oublie tous les prologues : les siens et ceux des autres, il oublie tout, quand il est devant sa toile.

SUR L'ART SACRÉ

Réponse à une enquête

Question. — Constatez-vous un décalage entre l'art « moderne » c'est-à-dire vivant et l'art employé ordinairement à l'église ? Ce divorce (qui joue aussi dans le domaine profane) est-il particulièrement regrettable dans le domaine religieux ? Quelles en sont les causes ? Et quelles raisons voyez-vous d'introduire à l'église l'art moderne ? Une des plus essentielles ne serait-elle pas que, comme autrefois, notre temps doit offrir à Dieu ce qu'il estime le plus précieux et qui véritablement l'exprime lui-même ?

Réponse. — Ce n'est pas parce qu'il est moderne qu'il est vivant. Oui, certes, et ce n'est pas un décalage, mais un « abîme ». La cause du malentendu profond que vous constatez, il faut la chercher (dans le domaine profane), dans le divorce existant entre les *Oréades* de Bouguereau, par exemple, et l'œuvre de Dominique Ingres. Au cours d'une conversation où l'on discutait de Bouguereau et de Manet, Gustave Moreau concluait : « L'un est artiste, l'autre ne l'est pas. » C'est le malentendu constant à cette époque.

Ne demandez pas cependant à Dominique Ingres, si fort en sa ligne, de vous donner au sens religieux ce que nous donnèrent certains primitifs, même ceux-là des cavernes, par exemple ; je pense aux silhouettes épiques des compositions des cavernes, à certains traits magnifiques des bergers primitifs.

Regardez Bouguereau, et à côté, Cézanne. Quand on voit

les *Oréades* par exemple, on constate qu'il y a de l'acquis, mais un acquis mauvais, un acquis détestable.

Il y a dans ces ouvrages un mérite dérisoire, mais un mérite évidemment, puisque tout le monde ne peut le faire. Et c'est cela qu'on a confondu avec les chefs-d'œuvre des maîtres anciens, parce que c'est fini.

Maintenant, il y a la contrepartie. Les causes du divorce viennent donc de ceux qui triomphaient vers 1900. Nous assistons un peu à un « choc en retour ». Il faut avoir vécu la génération précédente pour savoir qu'il y avait un Salon unique dont Manet et Courbet étaient exclus.

Introduire l'art moderne à l'église ?

Cela ne peut se faire comme par un coup de baguette magique. Il faut commencer par aimer la peinture — et puis ensuite, quand on aime la peinture, on devient clairvoyant.

Combien peu de gens aiment la peinture ! Combien peu.

Pour offrir à Dieu ce que l'artiste estime de plus précieux, il faudrait qu'il en ait la faculté et aussi qu'un certain art, en telle ou telle directive, ne fût pas, oserais-je dire, une langue étrangère pour tant de ses contemporains, cultivés ou non. J'ai connu des gens très érudits mais très insensibles à la forme, couleur, harmonie, et d'autres moins cultivés, qui auraient pu facilement, je crois, y être sensibles, avoir en puissance le flair d'un bon chien de chasse picturale, face aux anciens et à certains modernes.

On peut être religieux et ne rien sentir. On peut prier pour essayer de mieux sentir, mais il y a la part du don. Il faut peut-être des dons particuliers surtout en ce qui concerne l'art sacré.

Questions. — Si c'est une carence fâcheuse, comment y remédier ? Comment rapprocher les fidèles de l'art authentique de notre époque ? Quelle peut être l'action du clergé à cet égard ?

Réponse. — En art, certaines questions demandent de longs, persévérants et amoureux efforts. Quand Huysmans revint avec moi de Ligugé, lors de la séparation de l'Eglise et de

l'Etat, il rêvait pour certains artistes d'un effort long, persévérant, près d'un cloître, loin des honneurs, faveurs, récompenses officielles et des Salons.

Les temps modernes sont troubles en ce qui concerne une
vue un peu suivie et persévérante.

On se demande si la bombe atomique ne sera pas la nouvelle
idole... quand on ne croit plus à un élan spirituel et que la
force matérielle l'emporte trop souvent visiblement ou hypo-
critement.

Question. — Quel rôle assignez-vous à la décoration de l'église
(peinture, sculpture, vitrail, etc.) ? comme au surplus à son
architecture ? Peut-on donner ici une place à l'art non figuratif ?

Réponse. — Figuratif, subjectif, ce sont des étiquettes. « Je
suis, disait le peintre inconnu, objectiviste et subjectiviste
presque dans le même instant. »

Gustave Moreau, après une visite aux Gobelins, pendant
laquelle il s'était intéressé à la technique de la tapisserie, aux
ressources dont on disposait à l'époque, me déclara : « Mon
pauvre enfant, ils ont ce qu'avaient les anciens et davantage
encore, mais hélas ! ils font du tableau vivant. Il ne s'agit pas
d'avoir plus de ressources mais de savoir accorder cinq ou six
tons. »

Question. — A quelles conditions l'art peut-il entrer dans
l'église ? Et quel est son « cahier de charges » ? A l'égard, en
particulier, des fidèles une certaine lisibilité n'est-elle pas
ordinairement requise ?

Réponse. — A genoux, en silence.

Ceux-là qui viendront après nous, si on parle encore de nous
demain, nous jugeront tout autrement que les contemporains.
Pauvre La Tour ! Pauvre Corot, qui, avec son bon sourire
d'enfant, mangeait la carcasse du poulet, quand il eût préféré
l'aile — trop heureux de peindre au lieu de vendre du drap.

Hier, seulement, grâce à *L'Enseigne* de Watteau, on a bien
voulu s'apercevoir qu'il avait peint aussi *L'Embarquement pour*

Cythère, mais de son vivant, c'était plutôt Boucher qui, semble-t-il, avait les suffrages.

Mais même sur ce point. Cézanne avait encore raison de dire : « N'est pas Boucher qui veut. »

Question. — Estimez-vous que l'art dit vulgairement « de Saint-Sulpice », bien qu'il soit extrêmement répandu, n'est pas défendu aujourd'hui par les esprits quelque peu cultivés ? Mais dans ce cas ne reste-t-il pas deux grands ennemis de l'art moderne, l'académisme (fausse tradition, tradition morte) et, plus redoutable, le faux modernisme (formules prises aux artistes originaux, mais privées de vie, devenues poncifs) qui égare et donne le change ?

Réponse. — L'art de Saint-Sulpice n'existe pas. L'académisme ? Les trois quarts des académiques nous affirment qu'ils sont classiques. L'académisme ne meurt pas ? Il renaît toujours de ses cendres pour se dire classique à jamais.

En d'autres termes, certes, il y eut les vieux compagnons dont on ne sait plus le nom. *Non nobis Domine sed nomini tuo da gloriam.* Ainsi se résumaient bienheureusement les polémiques. On ne parlait pas d'art sacré, on en faisait.

PAUVRE VAN GOGH

Loin des courtisans immortels du succès qui le fêtent, d'où qu'il vienne, quel qu'il soit, sous tous les régimes, loin des conformistes, tu as bourlingué silencieusement sur cet océan sans fond des misères et des joies picturales. Je te revois si bien en ces temps où tu errais au Borinage, te donnant sans réserve et n'étant pas très bien compris d'ailleurs en ton meilleur.

Miserere, en cette solitude spirituelle et chrétienne qui te relève si bien, n'aurais-tu pas pu être compris, non seulement de certains peintres mais de tant d'autres pèlerins ?

Pour moi, enfant du vieux faubourg des Longues Peines, comment ne serais-je pas touché en me souvenant que tu finis enfin par trouver en ta trop courte vie une communion picturale plus complète en mon pays français ?

Qu'on est heureux et bienheureux, quand on revoit d'un œil averti l'ensemble de ton œuvre, de te voir dans l'exaltation de la couleur de plus en plus sensible et éloquent, sans oublier tes Anciens, arriver enfin si jeune à si bon port malgré tant de traverses et de malheurs, n'ayant jamais oublié, pas plus que ton admirable frère bien-aimé, l'essentiel de cet art pictural.

Poèmes

TROIS PETITS POÈMES

Mère

Va vieille mère
ne désespère
va doucement
et longtemps
pour nourrir
ces bons enfants
qui te délaisseront
comme un vieux tison
qu'on rejette au feu
quand le froid mord
la chair et l'âme
et avant de te mettre en terre
les vipères
t'enverront sur le chemin
demander la charité aux chiens.

Miserere

Petit nain
donne-moi la main
Si tes bras sont trop petits

pour te moucher le nez
je vais t'aider

Tu t'en vas roulant
et tanguant
à tous les vents
dans tes habits trop grands, flottant
sur tes talons absents

Le vent d'automne
souffle à travers tes loques
les feuilles mortes volent au vent
et la poussière t'aveugle

Petit nain menu
frileux, chassieux
le plus gueux des gueux
toujours trottant
n'es-tu pas un descendant du Juif-Errant ?

L'artiste

La mort l'a pris
quand il sortit
du lit d'orties
où il dormit
toute sa vie.

Demain sera beau
chantait-il tout en pleurs
tenant son cœur
avec ferveur
comme une sainte hostie

Devant lui
la route bénie

où les Elus de l'Esprit
ont passé
tout sanglants et éblouis

Il arrivait enfin !
la porte de la maison s'ouvrait
sans crier sur ses gonds
c'était là le havre de grâce

Personne ne lui demandait
sa dernière résidence
son acte de naissance
ni où il faudrait aller
dès le soleil levé.

IMAGES

Oraisons du cœur contrit

Ma sœur silence
Tu sais la cadence
Où tout s'achève.

La ville s'endort
Au couchant sonore

Mon père et ma mère
Vous saviez la langue
Des dieux légendaires
Sans l'avoir apprise
Chez le magister.

Vieille mère
Qu'on a tant fait pleurer
A trop bien nous regarder
Peu à peu courbée...

Beauté cachée
Longtemps je t'ai cherchée
T'aurais-je enfin trouvée ?

En attendant
Sur les genoux de votre mère
Petit enfant chéri de la misère
Ne vous croyez fils de lumière
Les hommes sont fous
Endormez-vous jusqu'à la prochaine Guerre.

Eve

Au fond des yeux de la créature
La plus hostile
Une voix pleure
Au fond des yeux de la créature ingrate
Ou impure
Jésus encore tu demeures.

Filles si bien gardées
Ecussonnées, chaperonnées
Ne jugez jamais Madeleine.

Louves luxurieuses jamais ne sont lassées
Rêvent d'ébats vainqueurs
Qui les portent aux plus hauts rôles
        A l'ombre quiète de midi
Etranglées dans la ruelle du lit
Pauvres désenchantées
Grandes coquettes
Filles folles de votre corps
Ne soyez pas si fielleuses ni râleuses...
Que votre oreille
Près de la nuque d'ambre et de miel
N'entende la voix du serpent
S'enroulant à vos tresses noires.

*
* *

J'irai droit au Ciel disait-elle
Car j'ai bien élevé mes enfants
Comme je le fus moi-même
J'ai eu charge d'âmes : le spirituel,
Le temporel ;
Je leur lègue tous mes biens matériels.
Ah ! mes enfants vous le savez,
On n'en a jamais assez.

J'irai droit au Ciel disait-elle
Avec une assurance douce et ferme.

*
* *

Menu, frileux, chassieux
Le petit vieux
Fait bien partie du paysage
Crayeux, lépreux —
Plus d'un mignon
Dans les Salons
Dirait « Fuyons ».

*
* *

Belle Dame qui passez
Si vos dents sont gâtées
Ne les laissez pas tomber.

*
* *

Jésus meurt à toute heure,
Du bois de Santal odorant de la Croix
Embaume l'Univers
Mais l'homme ne croit plus qu'à sa misère.

*
* *

Chanson de la brise légère
Je n'ai jamais su moduler
En ce pays où je suis né
Pour moi tragique est la lumière.

*
* *

Mon petit père où sont tes bras
Disait l'enfant rieur au vieux soldat
Sur le visage ravagé
Une ombre a passé.

*
* *

Cœur glacé, yeux fermés
Juge fixant le condamné
Qui le pèse à son tour

*
* *

Nouveau monde triste vagit
Nouvelle architecture
Sera plus sobre encore
Sur le ciel pur
Angles si durs
Minuit a sonné :
Solitaire, la vie sordide
Que tous forçats ont rêvé d'aimer
Avant de la quitter
Vaut à peine un sourire.

PAYSAGES LÉGENDAIRES

Ce vieux monde angoissé si peu civilisé
tout paisiblement retourne au néant
en dansant
sur le volcan des concupiscences nouvelles
d'orient en occident.

Le chaland
tiré par les chevaux pesants
avance avec lenteur
la fille du marinier se peigne et se mire
doucement inclinée sur l'eau dormante
beaux bras nus
sur le front dégagé cheveux en casque relevés

Tours Notre-Dame
dans la brume matinale
je vous revois encore
   le bon rameur
Vous aima d'un cœur benoît
   ramant depuis l'aurore
en Paradis se réveilla
Il a jeûné, pâti
l'esprit libre et hardi
puis doucement s'est endormi

comme tu dormiras
loin du bruit dans la nuit
ma colombelle.

Etoile du soir, clos ma paupière
à moi pauvre gueux de père et de mère
ayant regardé une fois dernière
Jésus au calvaire.

Quand sonne l'Angélus
le paysan courbé sur le sillon
ne se découvre plus
Il ne lit plus la Bible
le soir en famille
raison et bon sens l'illuminent
il croit avoir appris à vivre librement
à penser, à raisonner fortement
fatigué de prier vainement
n'ayant plus force ni foi profonde
ni cœur assez simplet —
prière muette du cœur vagabond
qui voudrait se fixer en Jésus crucifié —

Le condamné s'en est allé
indifférent et fatigué
son avocat en phrases creuses
et imposantes
a proclamé son innocence
un homme rouge tonitruant
et se dressant
a disculpé la Société
et chargé l'accusé
sous un Jésus en croix
oublié là.

La ville s'endort
au couchant sonore cuivres et ors
   La ville s'endort
Ville imaginaire
aux confins du rêve solitaire
en silence ombres passent
   Voici le Sauveur.

Notre Dame
de la taverne à l'hôpital
Lélian vous voit cordiale
Souveraine
de nos cœurs durs et faibles
et de nos pauvres sens
Votre sourire aide à vivre
et à mourir
Bonnes gens de la vieille France
Vous voyaient si vive et enjouée
à si bien leur sourire avec tant de bonhomie
et complaisance.

Eux-mêmes et leurs enfants vous souriaient
pleins de candeur malicieuse
ou de propos effrontés ou familiers
Aujourd'hui ils passent sans vous regarder
— Enfin ils sont arrivés —

CIRQUE DE L'ÉTOILE FILANTE

Images tragiques ou sereines
Au matin on conquiert la Toison d'Or
Et au soir moins fier on se couche la bouche amère
les yeux clos — et si las —
Que dis-tu mon cœur, je ne t'entends pas ?

Enfants de la balle sur toutes routes d'Ile-de-France
Cinglant du Nord au Midi, de l'Est à l'Ouest,
Conquérants pacifiques et joyeux, qui cheminez
doucement en hiver vers le soleil, la plaine
verte au printemps ou vers la mer océane,
je vous ai toujours enviés, solitaire attaché
à la glèbe picturale comme le paysan à son champ...

A toi, Carmencita aux sourcils noirs comme l'ébène, au teint
mat et à la démarche souple et féline ; noire Hamadoula aux
jambes longues et fines, aux yeux en amandes — tes cheveux
crépus sentent la praline ; à vous Karsavina, Raïssa, Etelka,
Pâle-Aurore, Douce-Amère, Matin-Calme ; et à vous toutes
Marie-Thérèse, Agnès, Geneviève, Marguerite, filles fleurs de
tous pays, en boutons ou montées en graine, qui ne pesez pas
plus sur cette terre de misère qu'une plume au vent, brunes ou
blondes, rousses, souriantes ou farouches ; à vous dompteur

noir à bottes rouges et à brandebourgs d'or — seriez-vous
encore chiens ou chiennes enragées loin de certains docteurs
graves, compassés, économistes de mon cœur, météorologues,
moralistes, puritains ou pédants — à vous seuls, pitres et
baladins, il me convient de vous dédier ces images hautes en
couleur, que je souhaite fraîches comme des fleurs après
l'ondée.

Tristes Os, dis-moi encore, qu'emportons-nous de tout ce qui
fait la joie de tous ces Iroquois ? pas seulement une liquette de
rechange...

   La Seine a son lit, le fou récalcitrant la camisole de force,
gens de lettres lauréats leur prix qu'ils paient parfois fort cher
— le Soldat inconnu les barbelés des discours officiels qui
l'invitent à partir vers des rives lointaines et légendaires, loin
de certains boniments creux...

            Ni Dieu ni maître, dit ce plaisantin
            Ayant à la patte mille liens.

Tristes Os — mon pote — nous sommes dans l'ombre de Jésus
des chiens battus, des chiens fidèles ; parfois nous montrons les
dents un instant — mais aussitôt, Verlaine, tu m'entends, nous
voici adorant la Mère et l'Enfant.

A Marseille, porte de l'Orient,
Rue Coin de l'Humilité, silencieusement
Près de la rue Bouterie trop célébrée,
Sous la petite Vierge oubliée,
J'ai prié pour toi, père Cézanne —

En ces temps tristes et gris
Don Quichotte de la Manche,
Loin de cette engeance qui se croit progressiste,
Adorable et cher fou, assistez-nous.

SOLILOQUES

Quand on a raté, on recommence
Disait Cézanne avec violence.
On peine, on reçoit sa récompense
— Ou on ne la reçoit pas
Disait-il plus bas.

Agitant ses pinceaux :
C'est avec ça qu'il faut vaincre
Disait-il avec le sourire
Sans trop penser au Passé
Au Présent ou à l'Avenir.

*
* *

Le petit pitre
N'osait entrer.

— « Tu es ici chez toi »
Lui disait l'écuyère.

— « Chez moi » répétait l'enfant
Avec émoi
« Chez moi ».

— « Chez toi » reprenait Footit
En baissant la voix.

Alors autour du cou du pitre amène
Il mit ses deux bras fluets
Pleurant et riant en même temps
Après avoir si longtemps louvoyé
Tel le Juif légendaire
Par vents et marées contraires.

Sous son nez
Il entendait papoter :
« Il n'a père ni mère. »

Quand il errait à la dérive
Allait-il pas confier ses rêves
A la vieille caissière
Du cirque Amouretti
Qui lui répondait sévère :
— « Enfant de cochon, tu rêves,
Moi je n'ai jamais pu rêver. »

— « Tu es ici chez toi » lui disait l'écuyère
Qui semblait sur le sol ne pas peser.
    Papillon léger
Vers les frises avant de disparaître
Elle envoyait à l'enfant de la balle
    Un baiser
Avant d'être fêtée d'un public à la page
    Optimiste cent pour cent
    Ardent, jovial,
Heureux, bienveillant et comblé.

                                        *
                                     *   *

Sois tour à tour
Romantique

Fauve
Cubiste
Orphiste
Futuriste
Rhomboïdiste
Pourquoi pas demain classique ?
Que te voilà donc riche
Mon cher fils !

*
* *

Sourd je suis
Je n'entends plus
Le moindre bruit
Ni le cri orgueilleux du vainqueur
Ni la plainte du vaincu
Ni sonner l'heure
Seulement le battement de mon cœur
dans la nuit.

Prière

Notre-Dame de Paris
Ma patronne
Ce monde toujours en guerre
Ne se dessécherait-il pas
Comme peau de chagrin ?

Pour moi pauvre pèlerin
Gardez-moi de trop ruminer
D'un bout à l'autre de l'année
Rabaissez ma faconde
Mes folles prétentions
Même sous aspect d'humilité
Voyez mon orgueil foncier
Toujours se dresser.

Ne me jugez pas sur mes actes
Ni sur mes œuvres imparfaites
Mais sur mes intentions
De meilleur ton.

Bonne Mère
Prenez-moi par la main
Comme un enfant docile
Devant les abîmes invisibles
Qui bordent le chemin

Nos anciens ne se vantaient pas
De faire Art Sacré en exclusivité
Travaillant souvent pour la gloire
Sans trop chanter victoire
Le nez baissé sur leur ouvrage
En leurs cœurs sincères silencieusement
Vous adressant constant hommage.

« Non nobis Domine
Sed nomini tuo da gloriam »
Gravaient au faîtage
De la Cathédrale achevée
Les vieux Compagnons
Dont on ne sait plus le nom.

*
* *

Elle était née rue des Moulins
Disait la dame de province
Pensez-y bien.
Dans ce quartier de purotins
Le Diable y passe
Et fait sa loi.

Elle s'appelait Cédulie
Autant dire rien de rien

Elle n'était ni jolie ni polie
Disait l'épicier du coin.

— Jésus naquit dans une étable
Et trépassa sur une croix.
Jeanne quitta père et mère
Ses compagnes
Sa houlette et ses moutons frisés
Pour faire couronner
Son faible et gentil dauphin
Et mourir sur un bûcher.

On naît où l'on peut Madame
On meurt parfois aussi
Ne vous en déplaise
Vous à cent ans
En lit douillet bien bassiné
D'autres en triste hôpital
De tous abandonnés.

*
* *

Il est tard. La mère est là-bas
Et le père ne rentre pas.

Les enfants bâillent
Ou font les fous
Dans la maison triste et basse.

De temps en temps
On voit leurs cous
De poulet chétif
A la vitre.

La lune se balade
Dans un ciel malade

Les heures tombent
La nuit monte
A l'horizon maussade.

La vieille lanterne sourde
De l'hôtel borgne grésille
Et les filles
Marchent à pas de loup
Dans la rue louche.

Dans l'ombre épaisse
Un ivrogne blasphème
Dieu,
Le Ciel
Et Satan même.

Il est tard. La mère est là-bas
Et le père ne rentre pas.

*
* *

Dors mon amour, disait la tendre mère
Rêve que le gai printemps
Succède au rude hiver
Haï des pauvres gens.

Rêve qu'en ce triste quartier
Tout est beau, tout est lumineux
D'un bout à l'autre de l'année
Et que rats, souris, cancrelas

Sont d'antiques fées
Qui demain reprendront
Leur brillante livrée.

Dors mon amour.
Comme père et mère

Tu auras de la misère
Mais rêve qu'il n'en sera rien.

Dors mon amour.
Tu n'as sur cette terre
Que mes deux bras fragiles pour soutien
Mais ne crains pas le mauvais grain
Je suis là qui veille soir et matin.

Dors mon amour.

*
* *

Va vieille mère
Voici l'hiver
Le ciel est bas
Le temps gris
L'âme lourde.

Va vieille mère
L'existence est précaire
Quand cheveux ont blanchi
Que dents sont branlantes
Jambes flageolantes
Vue incertaine
Et que sur le chemin montant
Le cœur est vite hors d'haleine.
(Tout ce qui s'incline et faiblit
Bientôt périt.)

Va vieille mère
Va doucement
Nourrir tes enfants
Qui te délaisseront
Une fois grands
Comme un vieux sarment
Qu'on jette au feu
Quand le froid mord la chair et l'âme.

Va vieille mère
Tout est misère
Aux pauvres gens.
A ceux qui n'ont pour tout bien
Que leurs deux bras
Tout est misère
En temps de paix
Et plus encore de guerre
Tout est misère.

* *
*

La route monte à l'horizon
Bordée d'arbres chétifs.

L'homme solitaire
Rentre en son locatis
Humide et triste,
S'endort d'un lourd sommeil
Sans amour et sans rêves
Et refera demain
Ce qu'il a fait la veille.

La route monte à l'horizon
Bordée d'arbres chétifs.

L'OASIS

La porte s'ouvrait sans grincer sur ses gonds,
la table bien servie,
la nappe blanche, le pain doré sentait si bon.
Deux angelots au sourire tendre
Assistaient le manant ébloui.

On ne lui demandait pas où il devait se rendre
dès le soleil levé,
ni sa dernière résidence.

   « Que ma gueule noire doit être, ici, laide à voir
   « en repoussoir », pensait le pauvre hère.
Etait-ce là le havre de grâce,
la terre de France.

Août-Septembre 1939
Chartres

Lettres

LETTRE A LÉON BLOY

11 octobre 1904

Cher Ami,

Comment vous remercier de votre admirable lettre ? Craignant de dire des sottises après les belles choses que vous exprimez merveilleusement je me tais. Vous me verrez bientôt, vers le 17 octobre probablement. Je ne puis vous dire ici tout ce que je pense, j'ai relu vingt fois votre lettre, elle est bien l'expression « absolue » et vraiment « extraordinaire », *merveilleuse* dans notre siècle « *égalisateur et médiocre* » d'une âme qui sait, comprend et pénètre toutes les misères de l'Homme, mais qui en même temps lui ouvre les portes du Paradis avec une Foi triomphante, une Espérance divine si touchante... C'est (comme je puis le dire dans mon langage d'ignorant) dans la mesure où votre âme a stagné dans la douleur, la souffrance, les angoisses, les détresses infinies qu'elle a pu s'élever aussi haut. Vous êtes *très grand,* le plus grand de tous les hommes que je connaisse par cette « Détresse infinie » et cette « Espérance divine » mais pour y arriver il faut côtoyer les précipices, les gouffres sans fond... Vue du chemin, la vision est magnifique, il suffit d'être un homme de bonne volonté pour tenter le voyage, pour le reste Dieu y pourvoiera.

Bien affectueusement,

G. ROUAULT.

LETTRE A ÉDOUARD SCHURÉ[1]

vers 1905

(...) Pour moi depuis la fin d'un beau jour où la première
étoile qui brille au firmament m'a, je ne sais pourquoi...
étreint le cœur, j'en ai fait inconsciemment découler toute une
poétique. Cette voiture de nomades, arrêtée sur la route, le
vieux cheval étique qui paît l'herbe maigre, le vieux pitre assis
au coin de sa roulotte en train de repriser son habit brillant et
bariolé, ce *contraste* de choses brillantes, scintillantes, faites
pour amuser et cette vie d'une *tristesse infinie* si on la voit d'un
peu haut... Puis j'ai amplifié tout cela. J'ai vu clairement que
le « Pitre » c'était moi, c'était nous... presque *nous tous*... Cet
habit *riche et pailleté* c'est la *vie* qui nous le donne, nous
sommes tous des *pitres plus ou moins,* nous portons tous un
« habit pailleté » mais si l'on nous surprend comme j'ai surpris
le vieux pitre, oh! alors qui osera dire qu'il n'est pas pris
jusqu'au fond des entrailles par une incommensurable pitié.
J'ai le défaut (défaut peut-être... en tout cas c'est pour moi un
abîme de souffrances...) « *de ne laisser jamais à personne son
habit pailleté* », fût-il roi ou empereur. L'homme que j'ai
devant moi, c'est son âme que je veux voir... et plus il est

---

1. Edouard Schuré, critique et historien français (1841-1929), auteur des
Grands Initiés (1889). (*N. de l'E.*)

grand et plus on le glorifie humainement et plus je crains pour son âme...

Je me suis laissé entraîner à vous parler intimement ; la voie où je vais est périlleuse, elle est bordée de chaque côté par des précipices... et une fois en route, il est plus dangereux de retourner en arrière que de marcher toujours en avant... Tirer tout son art d'un regard d'une vieille rosse de saltimbanque (homme ou cheval) c'est d'un « orgueil fou » ou d'une « humilité parfaite » si l' « on est fait pour faire cela ».

Je pense avoir au Salon d'automne (vers le 15 octobre au 15 novembre) un tableau dans ce sens ; pour l'instant je viens de terminer 18 pastels, dans cette note. Sitôt cela soldé, en août probablement, je voyagerai enfin un peu et je sens très intensément que c'est de la vie, et des émotions qu'elle me donne que je tirerai tout mon art.

G. R.

LETTRES A ANDRÉ SUARÈS[1]

Monsieur,

Mon ami, M. Letellier, 14, rue Louis-David, m'avait dit la possibilité de dîner un jour chez lui avec vous ; le voilà parti définitivement de Paris depuis bientôt un an... Ce n'est pas, Monsieur, croyez-le bien, une vaine curiosité qui m'eût poussé car j'ai lu assez de belles études de vous qui m'ont fait mieux vous connaître, vous estimer et même vous aimer, et je n'ai pas besoin pour cela de vous voir.

Je lis en ce moment avec piété *Crime et Châtiment* de Dostoïevski. Oui, malgré mon infirmité je sens et je découvre à chaque instant des beautés nouvelles et quelles beautés inconnues et merveilleuses... au milieu des réalités les plus tragiques et les plus basses transfigurées par le génie...

La joie de Christophe Colomb apercevant le Nouveau Monde, c'est ma joie. Je porte en moi un fond de douleur et de mélancolie infinie que la vie n'a fait que développer et dont mon art de peintre, si Dieu m'exauce, ne sera que l'expression bien imparfaite et l'épanouissement. M. Ingres a trop de santé et par un mouvement un peu forcé et d'un christianisme...

1. André Suarès, auteur et critique, né en 1868, fut en correspondance avec Rouault de 1911 jusqu'à sa mort survenue en 1948. (*N. de l'E.*)

d'enfant, j'ai voulu l'aimer. J'en suis puni. Depuis que j'ai lu Dostoïevski, je ne puis plus relire mon petit Monsieur Ingres [1]... Je l'ai écrit dans un moment d'emballement pour la force, la science et la volonté du bonhomme, et d'agacement contre son compatriote le méridional Lapauze qui s'agite en vain disant : « Nos jeunes gens comprendront quelle leçon, etc. »

Croyez, Monsieur, si vous le voulez bien, à la profonde sympathie d'art et à la sincérité de

G. R.

Paris, le 22 août 1911

Monsieur,

(...) Pourquoi ne pas le dire, votre lettre m'a fait un très vif plaisir et je serai heureux si, à votre retour à Paris, vous voulez bien me dire quand je pourrai vous voir sans trop vous déranger... Je suis peu libre le jour... mais dans la soirée après le dîner j'ai de temps en temps un immense besoin de me détendre. (...)

La vie est un spectacle passionnément puissant et fort, à condition d'en tirer la substance créatrice qui doit épanouir l'esprit et le cœur... J'ai commencé par de telles voies... que je ne puis aujourd'hui revenir en arrière... Il m'a fallu compter exclusivement sur moi, tout tirer de moi, et je me demande parfois pourquoi tant d'efforts, tant de résistance, tant de sacrifices autour de moi. (...)

Si je ne sais vous comprendre intellectuellement comme vous méritez de l'être, je puis cependant vous dire une chose qui m'a particulièrement touché : à une époque où l'on dit tant

1. Notes sur Ingres que Rouault joignait à cette première lettre. André Suarès venait de publier dans *La Grande Revue* un article sur Ingres. (*N. de l'E.*)

faire pour les artistes (on leur assurera bientôt des petites
retraites comme aux ouvriers et aux paysans), à une époque où
pullulent les soi-disant artistes, vous êtes probablement le seul
à faire aux vrais artistes la place à laquelle ils ont droit et à leur
accorder l'aumône royale... qu'ils méritent quand ils sont
dignes de ce nom d'artiste... si prostitué.

Je suis, Monsieur, en vive sympathie d'art auprès de vous, et
croyez à mes meilleurs sentiments, je vous prie.

G. R.

Nous pouvons ne pas être d'accord sur tel point, ou telle
nuance, ou tel jugement, sur un artiste, mais j'ai vu par vos
articles nombreux combien il y aurait de joie pour moi à
pouvoir de temps à autre (...) causer avec vous ; j'ai un défaut
atroce et qui m'a nui terriblement, mais aussi qui m'a fait un
très petit nombre d'amis tenaces, j'ai toujours dit tout ce que
je pensais et comme je le pensais. Quand j'étais un tout petit
enfant, un visage ou un paysage éveillait en moi tout un
monde... je ne pouvais m'empêcher d'en rêver et d'en vivre
par le souvenir (...) J'ai continué à être le même enfant en
essayant avec des moyens à moi, maladroits si vous voulez,
(...) de dire mon émotion (...).

Gustave Moreau mort, mon intransigeance et ma franchise
en art me condamnaient à la plus atroce misère, j'ai eu à ce
moment des offres nombreuses, j'aurais pu suivre une certaine
filière productive... m'inspirant des écoles disparues, faire,
avec la « clientèle » de G. Moreau un art rétrospectif goûté et
lucratif... J'ai été libéré de cette servitude que je n'aurais
jamais acceptée, en devenant conservateur de musée ; ayant
des besoins très simples, les 2 400 F d'appointement me
permettent de faire et de chercher en art ce qui me convient...
J'ai deux enfants mais ma femme partage absolument ma
manière de voir et jusqu'à ce jour ma conscience d'artiste est

restée pure... mais la lutte me semble si ardue et si pénible que je n'engage personne à me suivre.

J'ai d'anciens amis professeurs dans les écoles des beaux-arts de province, ils me relancent toujours en me disant [qu'ils sont obligés] d'envoyer leurs élèves aux pontifes de l'art officiel... mais je leur réponds que je ne puis que causer et non enseigner, de plus en plus je ne sais pas dire comme ce père : « Gagne beaucoup d'argent, mon fils, beaucoup d'argent... honnêtement si tu peux... » Alors...

Je n'ai pas pris de vacances et suis resté à Paris où je suis encore en ce moment et que je ne quitterai pas.

G. R.

P.S. Malgré mes amis qui me déclarent que je n exprime d'une manière plus originale et plus personnelle avec mon art de peintre, j'ai entassé des notes (...) sans aucune prétention littéraire. (...)

En relisant tout ce que j'ai noté au passage, je me dis : Fromentin a écrit sur Rembrandt mais avec quel œil, armé d'une si petite loupe. (...)

Et G. Moreau (...), qui a su dire ce qu'il était pour nous en dehors de son œuvre ?... Ce qu'il voulait épanouir en nous... ces conversations admirables devant les Maîtres, le souci constant de respecter notre petite personnalité (...) ?

Je serai ému... devant une belle page de vous et je sentirai toujours mon impuissance foncière... mais au milieu de mon « fatras d'écrivassier » il y a peut-être certaines pages où [j'exprime mon émotion devant] le spectacle d'une belle œuvre d'art (...).

J'ai commencé (obligé de gagner quelque argent pour moi et les miens) par être peintre-verrier... c'est un métier... perdu comme tous les métiers d'art... On faisait du « tableau vivant » mais non du vitrail ; [mais] j'étais chez un patron qui avait fait recopier [des fragments de vitraux anciens restaurés par lui] ; je vivais l'heure de mon déjeuner là, en partie... et le reste de la journée je faisais l'ingrate et imbécile besogne moderne... J'avais cette heure qui était mon Paradis... au milieu de ces copies imparfaites d'œuvres bien conçues, créées pour être des mosaïques de verre et non de la peinture avec modelés, reliefs et lumières. Je vivais cette heure magnifique [...].

J'ai été d'autant plus touché de votre réponse que je n'y comptais pas, vous avez des choses autrement intéressantes à dire et à faire... que de répondre à ceux à qui il prend la fantaisie d'entrer en correspondance avec vous ; il est vrai que vous avez probablement vu qu'en le faisant je ne cédais pas à une vaine curiosité (...).

27 avril 1913
Samedi soir

(...) Je crois (...), au milieu des massacres, des incendies et des épouvantements, avoir, de la cave où je suis né, gardé dans les yeux et dans l'esprit la matière fugitive que le bon feu fixe et incruste.

Nous ne sommes pas les maîtres du feu, disent les cuiseurs.

Non, certes, et heureusement, vous lui feriez faire de rudes sottises.

Il est mon maître à moi aussi, mais je cherche à lui obéir, à profiter de son feu, de ce qu'il me donne... ce qui est perdu, raté pour beaucoup ne l'est pas pour moi, j'y vois poindre au contraire avec de la patience, du temps, beaucoup de temps et il faut bien le dire, hélas ! quelque argent ! — j'y vois poindre des soleils sanglants ou des lunes bleuies d'argent meurtri... (...)

Versailles, le 10 août 1913

(.) Le mystère de la création plastique veut certains moyens ; on ne s'improvise pas et on n'improvise pas seulement avec une émotion et même une grande sensibilité..., mais encore, il y faut toute une vie d'efforts ; et si je le fais en peinture j'y trouve un outil qui finit par m'appartenir ; si j'emprunte le vôtre, me voilà stupide et embarrassé. (...)

Versailles, le 1er novembre 1913

(...) Le côté terrible de ma nature, c'est que je ne suis jamais content de moi, je ne jouis pas pleinement de mes réussites, et j'ai toujours dans l'œil et dans l'esprit un progrès à accomplir.

Cependant je suis dans une passe de réalisation, je ne pensais d'abord qu'à une exposition de céramiques et estampes, mais il est d'une importance évidente que j'insiste sur ma peinture ; j'ai enfin peut-être une matière qui convient à mes besoins, et une matière de peinture à l'huile, ni brillante ni éclatante comme l'émail, ni trop mate comme la fresque mais sobre et grave. (...)

Paris, le 13 mai 1939

(...) J'ai oublié de vous dire que je suis excommunié du musée de Berlin avec toutes autres œuvres françaises — revenues ici.

Quel honneur ! (...)

Pour Hitler, sa voix épouvantable, je l'ai entendu un jour — et... j'ai été obligé de fuir... C'est que la voix humaine, même pour un homme qui n'est pas musicien, est une révélation de la personnalité.

Merci de votre beau livre. L'Ombre de la Croix (je l'ai pressenti en 1895)... Il n'y a que cette ombre qui soit propice aux pauvres hères qui ont encore au cœur un grand amour pour ce qui ne se voit pas, ni ne se pèse — et c'est pour cela que j'ai peint, non pour les docteurs de la Loi écrite, les managers et les membres de l'Académie du Beau fixe.

G. R.

(...) J'ai pu être « bagnard » une partie de ma vie et pris aux rets de la nécessité sans dévier d'une certaine ligne intérieure ni vendre ma liberté spirituelle inaliénable, seul bien auquel je crois ; bien solide et invisible aux yeux de tant de gens renseignés sur ce qu'ils croient chimérique.

Mais je ne puis me boucher les oreilles ni fermer les yeux, ni prendre Berchtesgaden avec ses refuges et ses airs de forteresse pour la pauvre prison où languit Jeanne en attendant le bûcher, ni prendre ses voix pour celles qu'entend M. Hitler, ni ses luttes pour délivrer la France pour le raflage majeur et continuel qui s'opérera sans fin ni cesse, sous prétexte que le traité de Versailles est mal fait. Fût-il parfait, le raflage eût été exactement le même, dès l'instant où nos bureaucrates croient à la paperasse, même quand Hitler juché sur le piédestal des Dieux excommuniés devient le Grand Juge des causes spirituelles universelles de « la plus grande Europe ». (...)

LETTRES A AMBROISE VOLLARD[1]

Le 24 août 1919

Cher Monsieur Vollard,

(...) J'aurai une ligne de conduite dont je ne changerai pas, ou, je vous le répète, je *m'éloignerai* de Paris et de plus nous ferons des engagements *pour les livres* pour ne pas toujours changer d'avis, *ou je ne les ferai pas.*

Ce n'est pas moi qui y tiens tant, vous savez. Ce sera *un héritage* pour mes enfants. Ce n'est pas du tout de l'actualité. Je ne crains pas l'action du temps, mieux, je la souhaite et la désire, *je ne crains pas de vieillir,* je n'ai même pas à m'en défendre, je suis en dehors des modes actuelles et de ma génération, comme ils disent. Je ne le fais pas exprès d'ailleurs et je n'y ai aucun mérite. (...)

Si je ne procède ainsi je suis *fichu* pour la peinture. Vous avez mis vingt ans, dites-vous, à mettre le Renoir[2] au point et vous voudriez qu'en même temps que *ma peinture* je mette au point les planches cuivre Ubu — noir et couleur — et puis mon ouvrage et encore quoi... la céramique. Je demande un mois pour mettre au point des choses *extrêmement* difficiles à dire

---

1. A. Vollard, éditeur d'ouvrages de luxe, était le marchand attitré de G. Rouault. (*N. de l'E.*)
2. *En écoutant Degas, Renoir, Cézanne,* par Ambroise Vollard. (*N. de. l'E.*)

sur cinq ou six artistes, sur les anciens et les modernes, à dire avec mille nuances subtiles. Non, Monsieur Vollard, j'ai le regret de vous le dire bien gentiment, nous ne nous comprenons pas très bien et il est de mon devoir de vous parler car vous faites tout à fait fausse route et il arriverait un jour où, *accablé,* je lâcherais tout brusquement.

Le 14 octobre 1920

Cher Monsieur Vollard,

(...) *Sortez tout* ce qui est à moi. J'en sais le nombre. Cherchez-le pendant cette semaine, mettez cela les uns sur les autres dans la pièce libre au *tapis rouge,* pas dans celle où est la table. Je *sais que vous ne pouvez pas avoir votre hôtel.* D'autre part j'ai à vous parler *en particulier.* Voulez-vous lundi 18 courant ? Je serais là comme d'habitude vers midi 1/4 ou 1/2. Mais je vous en prie, *sortez cela, ce sera une grosse avance pour moi* qui suis débordé, *tout achat* 1913, tout ce que vous *pouvez trouver, surtout grandes pièces*[1]. Il est indispensable en dehors de tout (question d'art) que je puisse *revoir cela,* indispensable.

(...) J'ai *des lettres à vous montrer, les événements me poussent actuellement sans que j'y sois absolument pour rien.* J'ai, à l'encontre de tant d'autres, résisté *obstinément,* mais la porte est *défoncée.* A moins que je ne me retire au cloître (ce qui est possible si j'y pouvais peindre) et que je n'eusse ni femme, ni enfants, me voilà pris comme *un rat dans la nasse,* avec rétrospectives de moi qui ne se feront sans moi si je ne m'en occupe pas.

J'ai fui la cohue, le monde, les artistes bruyants, les Salons, mais il y a une chose que je ne puis fuir (à moins de me retirer complètement au cloître, je le répète) c'est quelques cœurs et

---

1. C'est-à-dire les « grandes peintures ». (*N. de l'E.*)

esprits dévoués (cela existe encore, M. V.) et aussi il faut bien le dire, « *un mouvement obscur* » mais *continu, silencieux,* en dehors des spéculations (cela existe, M. V.) qui me porte malgré moi et ma *résistance à rester obscur.* Un mouvement dont j'ai peur car au fond, qu'on le veuille ou non, je suis comme un enfant en face de mon art, très modeste en pensant aux grands ancêtres et encore plus humble en pensant à mon effort. Cela, j'ose le dire, j'en suis certain.

G. R.

LETTRE A SA MÈRE

Dimanche, 6 août 1923

Ma chère bonne maman, j'espère que Letra a été *te voir*, peut-être Aimée aussi. Ici tout va bien, les enfants sont bien heureux, la plus grande partie de la journée sur la plage.

Moi je travaille beaucoup mais bien *au repos* et *je ne veille pas* comme à Paris, ce qui m'a démoli cet hiver.

Nous t'embrassons tous de tout cœur, moi en particulier, Marthe *est mieux*. A bientôt de tes nouvelles, envoie-nous donc une petite carte mais j'espère que Letra le fera quand il t'aura vue. — Bien affectueusement je t'embrasse en attendant fin septembre pour te revoir.

Ton fils qui t'aime.

G. R.

LETTRES A GEORGES CHABOT[1]

Paris, le 20 mars 1927

Cher Monsieur,

(...) Oui, vous avez reconnu mes parrains, mais vous avez su aussi *voir* ce que je n'osais croire que l'on puisse discerner, si imparfaite soit ma *réalisation* en face de ma *vision* (honteux d'être souvent impuissant à la rendre). J'ai donc parfois quelques accents heureux et expressifs et une vision intérieure qui peut être aimée en dehors du snobisme et des modes du jour.

Parfois, il m'a semblé être sur le radeau de la Méduse, dans le jour froid et gris, claquant des dents et tremblant. Naufragé solitaire, j'ai cru qu'il y avait une accalmie dans la douleur. Il n'y en a pas, le supplice est sans fin pour le rêveur qui côtoie la réalité sans se laisser asservir au rêve décevant.

Les anciens, si grands soient-ils et quelque respect qu'on puisse avoir pour eux, n'ont pas tout dit. Un visage, un regard, une lueur dans l'œil d'un inconnu qui passe, et voilà pour celui qui veille et ne s'embarrasse pas trop des théories et des doctrines préconçues prétexte à œuvrer. De même pour tel

---

1. Georges Chabot, de Gand, avait organisé en Belgique, des conférences sur Rouault. Il lui écrivit en 1927, et c'est ainsi qu'il devint un de ses amis les plus chers. (*N. de l'E.*)

paysage. Aurais-tu l'orgueilleuse sensation de créer ? Certes non, ce sont ceux-là qui se sont fâchés devant ton balbutiement [qui] sont arrivés à te faire prendre en considération ce que tu croyais misère. N'as-tu pas vu en y regardant de plus près des nuances plus précieuses et plus précises s'affirmer ? Les flatteurs sont de mauvais drôles et les ennemis si utiles parfois dans l'excès de leur critique.

L'artiste digne de ce nom a l'amour du moindre atome de vie. Comment voulez-vous qu'en une époque lamentable et sublime où tant d'héroïsme individuel est demandé à l'homme et parfois telle servitude aussi, comment voulez-vous que l'artiste qui a le sens d'une « poétique profonde » ne rentre pas un peu en lui-même, qu'il ne se cache et se terre comme un soldat dans sa tranchée, au milieu de tant de théories contraires, de marchandages, de surenchères ? Et il le peut faire aisément au milieu de la vie ambiante sans se retirer au désert.

On parle des « expressionnistes ». Il y a plus de trente ans ai-je été un expressionniste ? On veut bien l'affirmer mais je n'en savais rien et je ne m'en soucie pas. J'ai été comme un bœuf aveugle dans son sillon. Je pense que d'ici deux ou trois ans quand j'aurai fini *Miserere et Guerre,* dont vous me parlez, je crois que l'on pourra exposer une centaine d'œuvres de moi mais j'ai un énorme labeur encore à accomplir.

J'ai été envoûté par Rembrandt peut-être puis, vers la trentième année, j'ai eu un coup de folie, soit une grâce suivant l'angle où on se place. « La face du monde a changé pour moi », si ce n'est pas trop prétentieux de parler ainsi ; j'ai vu alors tout ce que je voyais auparavant mais dans une autre forme et harmonie. L'œil serait-il parfois menteur ?

Dans la solitude ont commencé à défiler clowns pantelants, Christs sous les outrages, Orphée déchiré par les bacchantes. Je transposais, sans même le rechercher, ma joie, plus souvent ma douleur ; bien malgré moi, revoyant ces tableaux qui ne sont plus à moi, je compris combien j'avais pu décevoir mes contemporains, du moins ceux-là qui avaient cru voir en moi, à un moment donné, « un sage prix de Rome ».

Cette lettre est parfaitement inutile, elle n'ajoute rien à ce que vous avez pu voir picturalement, peut-être elle le rabaisse car je ne suis pas du tout littérateur. Vous devez vous en apercevoir, bien que j'aie chez moi mille et mille poèmes qui ne tiennent pas debout. Ils n'ont de mérite sinon dans la mesure où j'ai pu être touché ou sensible à la voix intérieure, loin des perfections admises et rassurantes des virtuoses au cœur mort.

Je m'arrête, cher Monsieur (...).

Décembre 1938

Seigneur, je sais que je suis un ingrat serviteur, un insolent putois qui voudrait à Ténèbres chanter Matines. Mais je ne suis pas cependant celui-là que supposent tous ces augures, ni l'anarchiste militant vers un art de damnation totale, ni le classique des classiques, comme dira l'autre. Seigneur, je suis un obéissant, quelle que soit mon infirmité. Mon nom est Fidèle — c'est celui d'un vieux chien mais il est beau en ces temps de négation.

1948

(...) Ou alors qu'ils me fassent élire côté Académie française et non pas aux Bozards en imaginaire occurrence, ce qui me permettrait de mettre mon nez, sinon aux soixante-deux fenêtres de la rue de Seine et à celles de la rue Mazarine, vers ce coin de Paris que j'aime tant, plutôt en descendant vers Notre-Dame et la Sainte-Chapelle, ou vers ces ateliers que j'ai cru distinguer dans cette grande cour derrière la façade de l'Institut, occupés par qui? Mystère. Je dis à cette célèbre compagnie qui devait démolir, puis reconstruire, que ce n'est pas l'instant. Que je sois « Belles Lettres » et « Bozards » dans le même instant, c'est trop pour moi. Je demande seulement des couleurs et un local dont je m'engage à payer la location. Je le préférerais au plus bel uniforme académique et aux consécrations officielles. Grillon du foyer, je continuerais mon petit chant pictural intime sans me mesurer avec grands officiels. Mais il est plus difficile à un chameau de passer par le trou d'une aiguille qu'à un peintre à se loger en cette ville où il est né. Il y a là, à deux pas d'ici, une maison entière d'ateliers pour peintres, louée à des *produits pharmaceutiques.* Ils gagnent beaucoup d'argent et paient des prix conséquents au propriétaire. Tout le long du boulevard de Clichy, où habite ma fille, nous avons des salles de danse ou tous genres d'autres histoires dans les anciens ateliers et il y a cinquante ans c'était Gérome, Puvis de Chavannes, Henner, Aimé Millet, des sculpteurs et des peintres qui occupaient lesdits ateliers. Notre nombre ayant prodigieusement augmenté, ces ateliers devaient nous être réservés, semble-t-il, puisqu'ils nous étaient destinés « de fondation », dirais-je sans rien exagérer.

Je viens d'apprendre à l'instant que mon procès est gagné et il me faudra loger (je saurai cela d'ici un mois ou deux exactement) — il me faudra loger des choses importantes. Mais ne vous faites pas d'illusions, ma femme et moi, nous venons d'être bien atteints — nez, gorge. Nous craignons les pays froids. Combien vaut le franc belge comparativement au franc français ? Et nous sommes comme les vieux meubles difficilement transportables. Aussi bien je ne voudrais pas vous raconter des blagues mais c'est votre dernière lettre si touchante qui me fait parler ici avec telle imprudence notoire car les « *doctes* » — en ayant deux dans ma famille, mon fils et l'un de mes gendres — me feront suivre un autre chemin demain, peut-être bien vers le Midi. (...)

Fin avril 1951

(...) Mais on fait mieux encore — j'ai toujours été plus ou moins pastiché, et l'un des rares pelés et tondus qui *m'admiraient trop* a même été (lui ayant fait observer que je l'influençais trop picturalement) assez chic pour m'offrir de détruire ses dits nus... Bien entendu, je n'ai pas accepté. Il[1] mourut et aujourd'hui des saligauds vont jusqu'à dire... que c'est lui qui le premier... Et cela dans un *but purement commercial :* pour vendre lesdits sujets un meilleur prix, [lui] n'étant plus là.

J'évite de parler de toutes ces saletés, mais si celui qui fit ces œuvrettes vivait, je sais bien ce qu'il irait raconter à ces messieurs-là, car il aimait un peu trop ce que je faisais, c'est entendu, mais il n'aurait pas supporté leurs combines louches. (...)

Non je ne suis pas *bon* comme le bon pain, loin de là. Non, j'ai horreur de ces gens qui disent être bons et font profession habile d'être bons.

Non, je ne suis pas un *optimiste* patenté et stupide qui se bouche yeux et oreilles devant la réalité.

Non, je ne suis pas un *idéaliste* facile à suivre et à comprendre, un idéaliste poisseux qui sort son idéalisme comme un étendard en toutes saisons, hors de saison, sans rime ni raison.

J'ai l'orgueil et le sentiment d'être sur *un plan qui porte idéalisme et réalisme en liaison intime* et secrète de telle manière qu'elle révolte enfin l'objectivisme commun et l'idéalisme du même ordre. Alors ne vous étonnez pas que je semble fuir la foule, mais je ne le fais pas — ce n'est pas mon genre — mais je crains autant et plus la *prétentieuse* élite. (...)

Date inconnue

(...) J'ai horreur du vide et de la sécheresse des propos soi-disant intellectuels. Sans me vanter, j'aime mon art follement, suis né ainsi, aucun mérite à cela. (...)

---

1. Léon Bonhomme. (*N. de l'E.*)

A l'encontre de Huysmans, que j'ai bien connu, je suis né avec *l'horreur de la laideur* ou d'un réel trop précis en analyse matérielle. Mais la vie m'a oint, aussi je suis né moineau parisien. Alors, que voulez-vous, atmosphère Ile-de-France, j'y ai souffert, il m'en est resté, malgré mon cachet et mon renom auprès des fils de lumière d'être « peintre de la laideur », quelque grâce d'état peut-être, malgré ce qu'ils peuvent dire. En tous ordres la laideur, la bêtise me font horreur, cher Monsieur Mauclair, mais j'ai peu d'indulgence pour ceux-là qu'on dit si bien cultivés et qui ne prennent pas même le soin de regarder ce dont ils croient devoir parler en universelle connaissance, sinon avec amour. Quand on a cru si bien défendre Poë, il est triste de confondre en langage plastique et coloré certaine *laideur voulue et de mode* avec des efforts un peu plus subtils de trente ans les ayant précédés. Il est vrai que notre langue est la plus incomprise, voire tellement prostituée, même par cette prétendue élite qui se croit en droit de tancer les primaires. (...)

LETTRE A SON GÉRANT

14 septembre 1942

Monsieur,

Je vous signale et vous prie de bien vouloir prendre en note les points suivants, s'il vous convient, et m'excuser de cette trop longue lettre remise de jour en jour.

On manque tomber, ceci depuis quatre ou cinq mois devant les portes-fenêtres des vide-ordures. Le protège-tapis est décousu à un étage et commence à se découdre à l'autre... les barres de fer sautées et les joints de droite et gauche...

Vous avez fait nettoyer à fond l'ascenseur. Je ne sais si les nombreuses taches de cambouis sur le tapis viennent de là, je ne le crois pas, car il s'en produit d'autres encore parfois et si vous n'y mettez ordre dans un temps donné le tapis sera affreux.

(...) Pour lesdits rats, serait-il possible pour *le moins* d'avoir un éclairage fugitif dans la cave ; pour en sortir quand celui-là d'en haut s'éteint et qu'on se trouve dans les ténèbres avec ces bêtes immondes ?

Je vais vous sembler bien exigeant mais les machines parlantes (je ne suis pas sourd, hélas) devraient être interdites à partir d'une certaine heure fixe car il vient d'arriver qu'une personne ayant des enfants proteste dans les ténèbres avec raison d'ailleurs, disant qu'on les réveille. (...)

Il y a un article des *Comœdia* de M. Le Corbusier vantant les conquêtes de l'Urbanisme. Il n'en signale que les avantages matériels et esthétiques qu'on peut contester... et sans oser à ce propos parler des Cathédrales on pourrait en signaler aussi bien les nombreux désavantages quand il y a manque d'organisation...

Excusez les desiderata d'un homme âgé qui n'a normalement que six heures de sommeil.

Nous sommes assez bruyants mes enfants et moi-même, verbe assez haut souvent mais, je le répète, en respectant le sommeil d'autrui et surtout de ceux-là qui travaillent...

G. R.
escalier J.

LETTRE A SA FILLE GENEVIÈVE

24 janvier 1945

(...) Dis-toi bien que tu recommandes la discrétion bien inutilement car je veille à ce qu'elles ne traînent pas, tes lettres, dis-toi bien une fois pour toutes que toute la journée on peut entendre : « Où est cette lettre ?... où est ceci... cela ? etc. » (...)

Ah ! les damnés contemporains, ils ont bien trouvé la télégraphie sans fil, le moyen de guerroyer en ce ciel serein et sous les eaux profondes... mais guérir un rhume de cerveau qui vous fait éternuer et la hernie bondir... jamais ils n'y sont arrivés. (...)

> Goutte au nez
> poils au menton
> mais bon renom

vous en doutez-vous, bonne mère, péchère, de la montée des prix de la peinture, lure, lure.

Sales temps — il faut bien le reconnaître — petite Thérèse de l'Enfant Jésus... J'ai été trop *longtemps capable d'encaisser* mais aujourd'hui je flanche, aidez-moi. Je n'encaisse plus du tout, du tout, je deviens rétif... Ce que je pouvais accepter plus ou moins bien de Vollard — qui veillait à ne pas *empoisonner mon travail par trop* — je ne l'accepte pas du tout d'autres loustics. (...)

Savoir où sont mes œuvres sur lesquelles j'ai des *droits absolus et certains* (...). Je ne crois qu'à la valeur spirituelle et picturale d'une œuvre — la valeur marchande a les mêmes fluctuations que les valeurs ordinaires —, les « bonnes gens » qui supposent le contraire auront de désagréables surprises. Je t'autorise à recopier les passages qui peuvent intéresser mais à condition que soit bien signifié que c'est là une lettre à ma fille et non à d'autres personnes — j'ai bien le droit de la mettre au courant de mes affaires, si je venais à disparaître.

G. R.

LETTRE A JACQUES
ET RAISSA MARITAIN

15 janvier 1946

Chers Amis,

J'ai une lettre de dix ou douze pages pour vous mais je n'arrive pas à la remettre au net ou à la corriger... tellement, Monsieur l'Ambassadeur[1], *je suis poissé peut-être autant que vous...* C'est certes difficile à croire, moi-même je me demande où j'en suis — et j'ai assez de mal à retrouver mon équilibre.

Je vais tenter de résumer ici la fameuse lettre que vous ne recevrez peut-être jamais...

Je disais assez mal combien j'ai été touché (on m'a prêté les deux livres[2]) de voir combien et avec quelle délicatesse vous vous souvenez des temps anciens... Cependant, bien que je ne doute pas de la sincérité des sentiments exprimés avec tant de charme et de simplicité, vous me placez trop haut certes, bien trop haut — surtout avec les difficultés *actuelles...* Que de temps perdu de 1939 à 1946 et chez A. Vollard aussi, que de temps perdu... un temps précieux, surtout à mon âge, avec les héritiers présomptueux pour des chicanes odieuses. Je m'em-

1. Jacques Maritain était en 1946 ambassadeur au Vatican. (*N. de l'E.*)
2. Il s'agit du livre de Raïssa Maritain, *Les Grandes Amitiés* (1945) qui consacre un chapitre à Georges Rouault. (*N. de l'E.*)

presse de vous envoyer cette lettre-brouillon — au cas où vous
remanieriez ce livre pour quelques points de détail, que je
vous aurais mieux donnés de vive voix... craignant ici de
froisser sans le vouloir Raïssa... sans être capable comme je le
fis dans la première lettre (qui ne partira peut-être jamais) de
souligner — en contrepartie — tout ce que je pense de plus
sensible et de reconnaissant hommage pour les amis d'excep-
tion que vous avez été pour moi à Versailles en des temps
lointains — tous vos propos, bien différents du trait de
Madame X... parlant de l'indésirable que je suis : « C'est un
sale caractère » et Rupp répondait (certes avec trop de
complaisance) de sa petite voix flûtée : « C'est un caractère et
on n'en a plus. »

J'ai surtout été touché du ton serein en général ; en ces
temps de hargnes et d'offenses... Et puis du distingo entre
Léon Bloy et moi sur terrain pictural si difficile à traiter...

Aussi bien, vous ne m'en voudrez pas de la partie critique
des détails que je vais traiter ici et qui sont d'importance
secondaire, certes.

Hélas, sans le vouloir ni le savoir, je suis devenu peu à peu
une *vedette* et c'est odieux. Ce procès qui doit venir en 1946 en
est une cause — et aussi peut-être bien d'autres causes plus
secrètes que le pauvre hère que je suis n'est pas à même de
distinguer, sans compter celles-là que nos pauvres yeux
louches ne discernent jamais très bien.

Naissance : né en cave bellevilloise — *prétendait-il ?* Non
certes c'est très réel, dans la cave, 27 mai 1871. Prise de
Belleville... non par les Allemands mais par les armées de
Versailles (guerre civile) — surnommé « l'Obus » — j'ai
encore un morceau dans un vieux tiroir — puis « le Gueu-
lard » — cause des sévices qu'il serait fastidieux d'énumérer
ici : Seine gelée, famine et tant d'autres sujets trop person-
nels : rat à 3 frs — chat 9 ou 10 frs et il fallait rendre la peau
mais cela dura six mois et non six ans comme cette fois et se
limita à la France (mais à Paris, on en vit de dures) — surtout
que ma mère ne pouvait rien digérer des horreurs qu'on lui
donnait.

« Enorme et génial » — vous avez pu dire du manager (A. Vollard). Hélas ! il y aurait tant à dire à ce propos — et aussi pour les trusts dont je dois être, je pense, le dernier représentant exploité. C'est seulement maintenant — avec ce procès et la mort brusque de A. V. que le drame touche au final car drame il y a — surtout du fait des *héritiers* et aussi du fait de mes histoires, envoûté plus par mon art de peindre et voulant la paix — je règle aujourd'hui à 75 ans d'âge mon défaut capital (en ce monde matérialisé jusqu'à la paralysie totale ou le gâtisme) : ne pas avoir été avec A. V. un petit futé, avoir plus pensé à peindre qu'aux affaires, ne pas avoir eu la prudence du serpent (...).

En fait et en résumé *il s'agit du droit spirituel du créateur d'une œuvre d'art* — et, le plus insensé, sur des œuvres dont certaines *pas signées* ni *complètement réglées*. Ce droit, les avocats de la partie adverse le nient — j'ai gagné la première manche puisqu'il y a séquestre.

Je retourne à mes moutons...

Vous donnez des passages des lettres de Léon Bloy. A propos de la laideur de certaine beauté — mais ne vous y trompez pas... rien chez moi ne fut *calculé, combiné, orienté* en théories livresques ou autres, thèses littéraires ou même spirituelles. Le point de départ ne fut jamais une thèse de doctorat... une histoire idéologique pure ou sur la tradition ou sur un empirisme anarchiste, non.

Ce que je regrette c'est de ne pas avoir une seconde vie — pour amener certaines œuvres à un certain point...

J'ai bifurqué, je reviens au sujet de façon plus précise :

Laideur, beauté — mot creux et vide de sens pictural — il faudrait voir telle ou telle œuvre ou être devant elle, pour se faire un peu mieux comprendre et comparer œuvres de différentes écoles par des exemples.

Parfois certain prétendu *classicisme tombe dans le plus bel académisme* — parfois hélas, sans vouloir vous peiner l'un et l'autre, il n'y avait qu'à voir l'inclination de Léon Bloy, son choix de certaines œuvres actuelles, en son entourage *immédiat* — pour comprendre qu'il était inutile de *discuter.*

Pour Ricardo Vinès... il est certain qu'il m'était difficile — à l'instant où j'avais ce terrible « trust » des ouvrages de luxe et des peintures chez A. V., de lui montrer « mon atelier »... Mais soyez sans crainte, les rapports entre nous furent toujours très bons, comme avec M. Termier, excellents même avec ce dernier, à qui je pense bien souvent en telles ténèbres 1939-1945.

Les autres personnages dont vous avez parlé, comme j'ai été heureux de les mieux connaître dans un ordre bien différent du mien car je suis plus curieux qu'il ne paraît... Si je grogne parfois comme un ours mal léché c'est avec sympathie et parce que j'enrage que le temps vienne à me *manquer,* en cette vie actuelle d'embûches et de malices (...) car tout ce qui est humain ne saurait me trouver étranger en tant d'ordres divers.

Au vrai et sans rien exagérer, je suis bien incomplet en cette lettre quand je la relis, comparativement à ce que je pourrais dire de vive voix certainement, devant des auditeurs attentifs qui me relanceraient la balle.

Vous avez parlé avec simplicité et... délicatesse de choses ma foi si souvent « en détresse » quand elles sont expliquées par des gens spécialisés.

Vous n'avez pas craint d'être opposés « au parrain »[1] ; moi-même en tant de circonstances j'ai *évité* de l'être, craignant de le blesser — mais cependant il me semble qu'aujourd'hui, devant « ces héritiers » présomptueux, forcé d'expliquer à mes trois avocats tant de choses qui ne s'expliquent pas en phrases creuses — entraîné à le faire de 1939 à 1946 — triste métier — pour qu'à leur tour, ils puissent voir *de quoi il en retourne* comme dit le populaire —, ces deux livres m'ont fait du *bien* parmi tant de maux déchaînés, parfois consciemment, en ces temps noirs.

A la différence de tant de pions savants, trop savants ou de certains primaires qui relèvent d'autant la crête qu'ils sont ignorants, de dilettantes qui se tendent parfois... comme arc

1. Léon Bloy. (*N. de l'E.*)

bandé, vous avez accepté de parler là où pendant tant d'années (et c'est pourquoi j'ai parfois assez souffert) je suis resté si souvent quasi muet, avec toujours certaine joie et paisibilité intérieure, quand on ne m'échauffait pas trop fortement la bile.

Le « j'irai droit au ciel » n'est pas très exact. Si j'ai « tourné de l'œil » — c'est d'abord que, de naissance, j'ai un cœur déficient... plus simplement j'avais un costume trop étroit, le chauffage était défectueux et ne devait être réparé qu'au mois de mai... J'avais maigri de trente kilos, on ne donnait pas cher de ma carcasse, et bonnes gens qui me faisaient face — avec cette odeur, dirais-je, d'acide carbonique ou analogue — ne parlaient que d'Assurances sur la vie en me fixant d'un œil inquiet, non pas que j'étais tellement attaché à cette planète certes — mais les quatre enfants (que dirais-je aujourd'hui avec six petits-fils), ils étaient là, ne se doutant pas, les bienheureux, de certains déchirements intérieurs à la pensée de les laisser en des temps si douteux en charge à leur mère. Ce ne fut pas là ni ce jour que j'entendis le « j'irai droit au ciel » mais s'il me fallait faire la liste de tant de propos relevés — qui ne sont pas tombés dans l'oreille d'un sourd —, la liste en serait trop longue et « l'exégèse des lieux communs » de Léon Bloy sans avoir aucune parenté avec mon « *n'importe quoi, n'importe où, n'importe comment* » — dont je vous prie de me garder la primeur —, serait pour certains peintres en rupture de ban avec telles catégories d'humains — il y en a encore et il y en aura je pense toujours — motif à quelque réjouissance que Rabelais n'eût pas ratée.

« La dot de ma fille ! », dit celui-ci en ricanant férocement et en montrant l'armoire où il a enfermé certaines de mes œuvres. — « Vous ne croyez pas si bien dire », lui répondis-je sans grande conviction. (...)

Si on se représente l'ascension d'un mont Blanc hypothétique où, demi-nu, certain pauvre hère s'achemine vers le sommet, tandis que tant d'autres sont fournis de tout ce qui convient à ce genre d'exercice, il arrive que certains, de tout dépossédés, probablement pour se réchauffer à un si curieux exercice, arrivent au sommet — avant les mieux pourvus mais exceptionnellement, certes. (...)

RÉFÉRENCES

SOLILOQUES

Nous donnons ici la totalité des textes en prose figurant dans
Georges Rouault, *Soliloques*. Avant-Propos de Claude
Roulet. Neuchâtel, Ides et Calendes, 1944. Les manuscrits
de ces textes avaient été confiés par Rouault à Claude
Roulet qui en fit un choix avec l'accord de l'auteur. Dans
l'édition de 1944 ils sont suivis de poèmes dont on trouvera
des extraits dans la partie Poèmes.

RÉFLEXIONS ET SOUVENIRS

Noli me tangere. Le Mercure de France, Paris, 16 novembre
1910. Texte repris dans Camille Bourniquel et Jean Gui-
chard-Meili, *Les Créateurs et le Sacré*. Paris, Editions du
Cerf, 1956.
Ingres ressuscité. Le Mercure de France, Paris, 16 décembre
1912.
Sur le métier de peindre. (Réponse à une enquête.) Gil-Blas,
Paris, 1912.
Toque noire, robe rouge. Georges Rouault. Les peintres français
nouveaux, n° 8. Paris, Editions de la Nouvelle Revue
Française, 1921.

Souvenirs intimes. Paris, Editions Frapier, 1926. Texte revu et corrigé par l'auteur en 1953.

Parler peinture. Lettre-préface au livre de Georges Charensol, *Georges Rouault, l'homme et l'œuvre.* Paris, Editions des Quatre Chemins, 1926.

A propos de Matisse. « Evocations ». Pour ou contre Matisse. Les Chroniques du jour, Paris, avril 1931.

En marge des doctrines. La Nouvelle Revue Française, Paris, n° 217, octobre 1931. Texte retouché par l'auteur.

Cette prétendue laideur. Extrait de *Fragments de lettres à Claude Roulet.* Revue de Belles-lettres, n°s 2 et 4, Neuchâtel, décembre 1936 et mars 1937.

Climat pictural. La Renaissance, numéro spécial sur Rouault, Paris, octobre-décembre 1937.

Visage de la France. Verve, n° 8, Paris, 1940.

Stella Vespertina. Propos recueillis par l'abbé Maurice Morel. Paris, Editions René Drouin, 1947.

Sur l'art sacré. Réponse à une enquête de Maurice Brillant. La Croix, Paris, 11-12 mai 1952.

Pauvre Van Gogh. Texte écrit en février 1953, à l'occasion de la Rétrospective Van Gogh au Stedelijk Museum d'Amsterdam.

POÈMES

Trois petits poèmes. Parus dans Les Soirées de Paris, revue dirigée par Guillaume Apollinaire, n°s 26 et 27, Paris, 1914.

Images. Poèmes composés vers 1928 et restés inédits.

Paysages légendaires. Extrait de *Paysages légendaires.* Paris, Editions Porteret, 1929.

Cirque de l'Etoile Filante. Extrait de *Cirque de l'Etoile Filante.* Paris, Editions Vollard, 1938.

Soliloques. Extraits de *Soliloques.* Neuchâtel, Ides et Calendes, 1944.

L'oasis a paru dans n° 8, Paris, 1940.

LETTRES

Lettre à Edouard Schuré. Publié dans « Le Goéland »,
    Paramé, juin 1952, et dans Camille Bourniquel et Jean
    Guichard-Meili, *Les Créateurs et le Sacré*. Paris, Editions du
    Cerf, 1956.
Lettres à André Suarès. Extrait de *Correspondance Georges
    Rouault-André Suarès* (1911-1948). Introduction par Marcel
    Arland. Paris, Gallimard, 1960.
Les autres lettres sont inédites.

TABLE

DU MÊME AUTEUR

Aux Éditions Gallimard

CORRESPONDANCE AVEC ANDRÉ SUARÈS.

Impression Bussière à Saint-Amand (Cher),
le 18 janvier 1992.
Dépôt légal : janvier 1992.
Numéro d'imprimeur : 3592.
ISBN 2-07-032668-3./Imprimé en France.